Le Feu

Henri Ardel

Alpha Editions

This edition published in 2022

ISBN : 9789356892651

Design and Setting By
Alpha Editions
www.alphaedis.com
Email - info@alphaedis.com

Contents

PREMIÈRE PARTIE

LE
FEU SOUS LA CENDRE

Ce qui a été.

—MIREILLE, tu ne prends pas de raisin? dit Mme Dabrovine, présentant à sa fille le compotier où les grappes blondes voisinaient avec les pêches duvetées comme une tendre chair.

La jeune femme eut un imperceptible tressaillement de créature soudain rappelée à la réalité; et ses paupières battirent une seconde sur les prunelles encloses dans l'iris de velours sombre, tandis qu'elle répondait:

—Je vous demande pardon, mère. J'étais distraite par ce beau ciel de couchant.

Son regard, encore une fois, à travers les vitres de la riante salle à manger d'hôtel, s'enfuyait vers l'horizon qui était d'or empourpré. La brise du crépuscule y entraînait quelques nuées errantes, cernées de lumière, et agitait les branches qui se découpaient en mouvantes arabesques d'ombre.

—Oui, le temps est magnifique, approuva Mme Dabrovine. Vraiment ce petit pays de Carantec est charmant!... Pas triste du tout... Tu as eu raison, Mireille, de nous y attirer.

—Je suis ravie, mère, que votre impression soit bonne, fit la jeune femme, tout en servant son petit garçon qui, placé près d'elle, attendait, très sage, qu'elle s'occupât de lui.

Il se distrayait à suivre, de ses yeux vifs, les allées et venues des servantes bretonnes à travers la vaste salle, bourdonnante des conversations; où, dans le clair décor des murs, bordés d'une frise de feuilles roussies par l'automne, s'allongeait la file des petites tables.

La jeune femme continuait:

—Père, espérez-vous que, vous aussi, vous pourrez vous accommoder de Carantec, vous le Parisien endurci?

M. Dabrovine sourit.

—Hors de Paris, toutes les résidences se valent pour moi!... Mais cela me fera du bien, évidemment, d'être un peu au vert!

—Mon pauvre papa!... Vous avez la villégiature résignée!... Je vous en supplie, dès que la Bretagne vous deviendra trop à charge, abandonnez-moi, sans scrupule. Je resterai facilement ici avec mes poussins. Il faudra bien qu'un jour ou l'autre, je m'habitue à ne compter que sur moi-même...

—Le plus tard possible, ma chérie, dit M. Dabrovine, avec une douceur dans sa voix un peu brève.

Et son regard se posa, plein d'une compassion tendre, sur cette femme si jeune—elle avait à peine vingt-quatre ans—que la guerre avait faite veuve, près de dix-neuf mois plus tôt.

D'un geste d'affection, Mireille effleura la main de son père, de ses doigts minces, que, seul, l'anneau de mariage enserrait, avec la grosse perle des fiançailles.

—Je sais que vous me gâtez toujours... autant que lorsque j'étais enfant. Mère, êtes-vous bien installée?... Votre chambre vous plaît-elle?

—Oui... elle est assez grande... Elle donne sur la place où est l'église. Je vois des arbres... des passants... C'est très gentil...

—Tant mieux, maman, si vous êtes satisfaite!

Mireille, connaissant les goûts mondains de sa mère, son besoin de société, ses habitudes d'élégance et de confort, s'était effrayée de la voir résolue à venir aussi passer le mois d'août sur la tranquille plage bretonne où elle-même cherchait l'apaisante solitude.

Elle avait tenté de l'en dissuader. Mais Mme Dabrovine avait été, de vieille date, habituée, par un mari très épris et fier de sa beauté, à faire toujours ce qu'elle avait décidé; et il était dans ses vues actuelles de ne pas laisser sans elle Mireille et ses deux petits: Jean, un garçonnet de six ans bientôt, et le bébé, Françoise, dite France, née pendant la guerre, après la mort du père.

Aussi, elle était venue à Carantec, sans écouter aucune objection; quitte à en repartir et à en faire repartir les siens, si l'ennui l'y prenait.

C'est pourquoi Mireille eût bien préféré aller seule à la mer. Mais c'était là chose impossible à laisser même soupçonner; et elle avait, délicatement, tu son désir. D'ailleurs, par nature, elle se livrait peu; et son malheur avait encore avivé ce besoin inné de silence sur elle-même. Elle redoutait si fort les consolations banales, les vaines lamentations, les sympathies où il entrait beaucoup de curiosité! En silence, elle prétendait souffrir.

Toute à sa favorable impression d'arrivée, Mme Dabrovine poursuivait, son regard expérimenté enveloppant les hôtes de la vaste salle:

—La société de l'hôtel paraît très bien composée... J'ai remarqué plusieurs femmes vraiment chic... En somme, si ton frère a enfin son congé de convalescence, il me semble que dans ce joli trou, notre mois de mer pourra s'écouler agréablement, avec les relations que nous y avons... Ton père y a rencontré, tantôt, un de ses collègues du Conseil d'État, un homme charmant, le baron de Survières...

—J'en suis contente pour lui! Vous n'avez pas de lettre de Bernard, aujourd'hui, maman?

—Non, rien... Mais dans son mot d'hier, il disait que sa sortie de l'hôpital était imminente, sa blessure, prétend-il, étant bien cicatrisée.

—Mais il doit «prétendre» justement, remarqua M. Dabrovine, puisque, par bonheur! l'éclat d'obus ne l'a atteint que d'une façon légère.

—C'est pourquoi j'en suis arrivée à bénir la blessure qui a sorti, un moment, mon cher grand de la fournaise et va me procurer sa présence durant quelques semaines! s'exclama Mme Dabrovine, avec tant de conviction que son mari se mit à rire.

—Ah! Gabrielle, que vous avez donc peu l'âme romaine!

—Vous pouvez dire que je ne l'ai pas du tout... Ces tueries me font horreur!... Autant que les belles phrases sur la gloire de ceux qui pérorent bien à l'abri du danger!... Je ne songe qu'à la paix... Peu m'importe en quelles conditions... Si elle dépendait de moi...

—Chut!... chut! intervint M. Dabrovine avec une indulgence ironique un peu.

Il était habitué à ces sorties; mais il ne les supportait que dans le huis clos; et, pour détourner le cours périlleux de la conversation, il dit à Mireille qui, distraitement, entendait les diatribes de sa mère:

—Nous ne parlons que de nous... Mais toi, ma chérie, es-tu contente de ton gîte?

—Oh! oui. De ma chambre, j'ai une admirable vue de pleine mer... Celle-là même que je souhaitais tant retrouver...

Elle ne poursuivit pas et ses dents nacrées mordirent les lèvres, coupables d'avoir laissé échapper l'inutile confidence, que ne relevèrent ni son père ni sa mère, craignant d'effleurer sa blessure.

En effet, deux ans plus tôt, pendant une permission de son mari, alors au Dépôt, en Bretagne, elle était arrivée à Carantec au hasard d'une excursion sur la côte bretonne; et elle en avait gardé un si lumineux souvenir qu'après son malheur, longtemps, il lui avait semblé que jamais plus elle n'y pourrait revenir seule...

Et cependant, voici que cet été, volontairement, elle s'y retrouvait; amenée par le mystérieux besoin, ardent comme une soif, d'y revivre ce passé, que l'impitoyable fuite des jours refoulait déjà, si loin derrière elle...

Donc, sous l'égide de ses parents, elle était arrivée le matin même à Carantec; et toute la journée s'était passée en installation. Elle n'était pas logée dans l'hôtel, car elle avait voulu plus de tranquillité pour ses petits et plus de liberté pour elle-même; mais dans une grande villa, dressée au milieu d'un jardin un peu fruste, d'où la vue enveloppait un immense horizon de mer et de rochers fauves.

Elle avait hâte de se retrouver chez elle; et cependant, sans en témoigner rien, elle attendait, le dîner fini, que M. Dabrovine eût achevé de prendre son café. Mais son regard tomba sur Jean qui commençait à s'agiter sur sa chaise; et alors, elle dit, se tournant vers sa mère:

—Maman, je vous demande la permission de vous quitter; il faut que je conduise coucher ce jeune personnage!

—Certes oui, chérie... Va vite... Tu viendras ensuite nous retrouver...

—Pas ce soir. Je me reposerai aussi de notre nuit de voyage. Bonsoir, mère.

Elle se levait, et ses lèvres se posèrent sur le front sans ride de Mme Dabrovine.

Vers elle, les regards glissèrent, où luisait une curiosité sympathique et admirative. Partout, Mireille Noris éveillait cette même impression; et constamment, elle était qualifiée de «créature délicieuse». «Une Tanagra!» disaient les connaisseurs; et, en effet, l'harmonieuse finesse du visage et de la silhouette rappelait le type grec de certaines femmes d'Arles,—dont sa famille maternelle était originaire,—Arles, jadis colonie phocéenne.

Elle était svelte, pas très grande, avec de souples cheveux noirs, moirés de larges ondes; la peau d'une pâleur chaude que heurtaient le rouge éclatant—sans artifice—des lèvres, la ligne sombre des cils.

La main du petit garçon dans la sienne, elle traversa la salle où le reflet du couchant rosait la blancheur des nappes.

Indifférent, son regard effleurait les visages étrangers qui se levaient vers elle, touchante dans sa robe de deuil dont les doigts de Jean intimidé serraient les plis...

Elle sortit de l'hôtel et se trouva sur la place où se dressait l'église. Seuls, à cette heure de dîner général, dans les hôtels et les villas, y passaient des promeneurs attardés, ou les fervents du coucher de soleil qui se hâtaient pour aller contempler, sur la plage et sur la falaise, la féerie du ciel en flammes, derrière les clochers aigus de Roscoff, et le Creitzker de Saint-Pol de Léon.

Jean bondit de plaisir en se trouvant dehors; et, avide de mouvement, il lâcha la main de sa mère et se mit à courir devant elle, comme un chevreau qui s'échappe. La brise les enveloppait d'une senteur saline. A pleines lèvres, Mireille l'aspira; et son être jeune tressaillit d'une sorte d'allégresse.

Vraiment, pour quelques minutes, elle oubliait la misère de sa vie dévastée, désormais sans avenir; elle ne sentait plus le regret douloureux, pareil à un cilice, qui enserrait son cœur; le regret des joies finies, de la chère présence à jamais perdue...

Une seconde, ses lèvres tressaillirent au souffle vif qui les frôlait et, instinctivement, elle murmura:

—C'est bon!... Que c'est bon!

Avec ivresse, ses yeux contemplaient la mer violette, striée d'or, le ciel limpide, où, vers l'ouest, flambaient les dernières lueurs de la fête du couchant.

Mais Jean accourait... Et le charme brisé, elle sentit s'abattre sur elle le poids meurtrissant de sa solitude. Comme un choc fait jaillir l'eau en gerbe, la réalité heurtant sa fragile jouissance ouvrait la source vive des souvenirs.

Deux ans plus tôt, avec son mari, le soir, ainsi, ils avaient marché sur cette lande qu'aujourd'hui elle traversait seule... Comment, alors, pouvait-elle avoir cette confiance aveugle qu'il lui reviendrait; que, la tempête passée, ensemble, ils reprendraient la vie d'amour, soudain bouleversée par la guerre!...

Ah! qu'ils étaient gais, elle s'en souvenait bien, le premier soir où ils étaient arrivés dans le pays qui les ravissait; d'autant plus gais que la permission de Max commençait!...

Et alors, elle murmura, obéissant à son habitude tendre de lui parler comme si, même invisible, il pouvait encore l'entendre:

—Oh! Max, mon Max, que c'est cruel d'être ici sans toi!...

C'était cruel... Et pourtant, tout le jour, elle avait pu causer, sourire... Elle pouvait jouir, en tout son être, de la beauté de ce crépuscule d'été... Sa douleur ne l'écrasait plus au point de la rendre étrangère à tout ce qui n'était pas cette douleur... Quelle révolte elle éprouvait à en sentir s'atténuer la torture... Et à cela, elle ne pouvait rien! rien!

—Maman, laissez-moi encore courir, pria, près d'elle, la voix enfantine. Vous avez repris ma main et vous la tenez si serrée!...

Elle tressaillit. Puis, l'accent un peu assourdi, elle dit tendrement:

—Tu courras demain, Jean. Ce soir, il faut aller dormir. Je suis sûre que France le fait déjà... Voici notre maison, nous sommes arrivés.

En effet, devant eux, la villa se découpait toute blanche, au milieu du grand jardin d'où montait la senteur des œillets qui foisonnaient dans les massifs de la pelouse.

Mireille gravit le perron et entra. L'Anglaise, qui était la gouvernante des enfants, apparut au bruit des pas sur les dalles du vestibule.

Mireille demanda:

—Bébé dort?

—Oui, madame. Nounou est près d'elle.

—Bien, je vais la voir. Emmenez vite Jean coucher.

—Maman, vous allez venir m'embrasser, n'est-ce pas?

—Mais bien sûr, mon chéri... Sauve-toi pour te reposer et aller jouer de bonne heure sur la plage, demain matin.

—Si je dors, la nuit sera plus vite finie?

—*Come, quickly! Make haste, master Jean*, répétait l'Anglaise.

—*Yes... yes... I am coming!* Bonne nuit, maman chérie.

En tourbillon, il se précipitait sur sa mère, cherchant à attirer le doux visage qui lui souriait. Puis il disparut, entraîné par la gouvernante. Son pas bondissant fit sonner le bois du parquet, tandis que Mireille entrait dans la chambre où reposait le bébé.

La nourrice rangeait devant une armoire ouverte. Mireille s'approcha du berceau et écarta le rideau de tulle. Penchée, elle regarda la figure menue, où, obstinément, elle cherchait les traits du père qui n'avait pas vu naître cette petite; et ses yeux étaient graves et passionnés...

Elle effleura la menotte abandonnée sur le drap. Puis elle passa chez Jean qui, allongé sous sa couverture, déjà presque endormi, releva cependant sa tête bouclée.

—Maman, j'ai très sommeil et vous ne veniez pas!... Mais je ne voulais pas dormir avant de vous avoir embrassée, une fois pour moi et...

Ici, la voix claire se fit sérieuse, inconsciemment:

—...et une autre, pour papa.

La mère répondit, elle aussi, par un double baiser.

Tous les soirs, c'était ainsi. Mais ce soir-là, lourd de souvenirs, ne semblait pas, à Mireille, pareil aux autres. Le mot innocent du petit garçon réveillait des visions du passé, dans ce même Carantec; des baisers ardents donnés par le jeune époux que grisait l'ivresse de la réunion si longtemps désirée...

Et sa voix tremblait un peu quand elle répondit, soulevant les boucles du front:

—Bonsoir, mon Jean... Voici le baiser de papa, et voici le mien. Dors maintenant.

Déjà, les paupières se fermaient. Alors Mireille pénétra dans la pièce voisine, sa propre chambre. Les deux fenêtres en étaient grandes ouvertes; et, dans le double cadre, surgit un paysage de rêve. Sous une lueur d'un bleu transparent, le jardin s'allongeait; puis, plus bas, en un cercle immense, le pays breton, de grêles bouquets d'arbres, la lande sur les falaises, piquée d'ajoncs et de bruyères, dominant la mer, moirée de nappes lumineuses par le disque d'or pâle qui montait dans le ciel.

La brise souleva, autour du front, les cheveux de Mireille qui s'était approchée de la fenêtre.

Maintenant qu'elle était seule, son courage l'abandonnait; et si forte devenait, en son cœur, la soif de se rapprocher de l'époux disparu, que, brusquement, elle quitta la fenêtre et, sans réfléchir, d'un élan instinctif, elle prit le large portefeuille que, jamais, elle ne laissait derrière elle; parce qu'il contenait les feuillets où, fidèle à une habitude de jeune fille, elle avait noté, au hasard de ses impressions, l'histoire de sa vie de femme.

Ainsi, elle pouvait, dans son désastre, retrouver les jours de joie qui, quelques années, avaient été sa part...

Mais avec quelle âme différente de son âme actuelle elle avait écrit ces pages!... Comme une petite sœur joyeusement frivole, lui apparaissait la jeune fille, même l'épouse amoureuse qu'elle avait été, et qui jamais ne serait plus...

Cette Mireille-là s'était effacée devant la Mireille écrasée, des premiers jours de la guerre; puis révoltée contre l'épreuve; la Mireille que dévorait l'incessante inquiétude qui la tenait éveillée des nuits entières et qu'elle avait pu supporter seulement en se donnant toute à une mission d'infirmière, acceptée à Pau où ses parents l'avaient entraînée, dans la panique de septembre 1914.

Mais ce qu'elle voulait éperdument, en sa veillée de souvenir, c'était retrouver Max vivant; le compagnon charmant avec lequel, pendant quatre années, elle avait savouré le goût grisant de leur bonheur...

Devant elle, sur la table à écrire, il y avait son image; celle d'un beau garçon, aux yeux rieurs et câlins, d'allure très élégante sous l'uniforme; l'air d'un être que la vie enchante, fort d'une foi insouciante dans l'avenir...

En bas du cadre était attachée la croix de guerre, remise à la jeune femme toute tachée par les éclaboussures de sang; et, devant le portrait, des fleurs, comme devant un autel...

Quand, jadis, ils s'étaient connus, elle n'était encore qu'une gamine tout près de ses seize ans,—lui en avait dix-neuf,—avec laquelle il faisait de gaies parties de tennis, de pêche; des promenades, durant les mois d'été où la villégiature de leurs deux familles sur une même plage, en des propriétés voisines, les rapprochait; comme l'hiver, la vie mondaine les réunissait très souvent.

Chaque jour, il s'éprenait davantage de sa délicieuse petite amie; et elle, si ignorante fût-elle encore de l'amour, sentait bien le rayonnement de cette flamme qui s'avivait près d'elle et pour elle.

Avant même qu'elle eût entendu les paroles d'aveu, elle avait compris la merveilleuse vérité; et son cœur de fillette était devenu un vrai cœur de femme, avide de donner autant que de recevoir.

Soudain, un soir de bal, alors qu'au lieu de danser ils s'étaient réfugiés, pour causer, dans un petit salon que le hasard faisait presque solitaire, il avait laissé son secret lui échapper, parce qu'il la voyait si exquise qu'il avait peur qu'un autre ne la lui enlevât.

Et elle avait répondu sans coquetterie, avec toute son âme.

Mais la sagesse de leurs familles les ayant déclarés «encore deux enfants», des mois avaient dû s'écouler avant que leur rêve pût se réaliser. Seulement quatre années avant la guerre avaient été unis «des deux gosses», comme familièrement les appelait M. Dabrovine.

Les doigts de Mireille tremblaient en ouvrant au hasard un cahier,—le premier... Et ses yeux tombèrent sur une date qui arrêta son regard.

11 mars.

Aujourd'hui mon anniversaire. J'ai dix-huit ans. Que suis-je à cette heure?

Extérieurement, une vive et rieuse créature, ardente à tous les plaisirs qu'elle goûte avec une avidité gourmande.

Tant et si bien, que beaucoup de gens ne se doutent guère qu'avec la même fougue, je m'intéresse à ce que je lis...—et tout ce que je peux, je le lis!—à ce qu'on m'apprend—et mon cerveau est insatiable!—à tout ce que je vois de beau, de curieux, de neuf pour mes ignorances de petite fille...

Il me semble que je suis bonne amie, pas trop médisante; intransigeante, je l'avoue, pour ce qui est sincérité, à un point gênant même; car je suis incapable d'articuler un mot qui n'est pas ma pensée vraie...

J'adore tout ce qui est art; mais je n'ai moi-même aucun talent digne de ce nom. La musique que je fais n'est bonne que pour moi-même. Je travaille ma voix seulement parce que j'ai reçu de mère la formelle promesse que jamais le public ne m'entendrait... Et le reste à l'avenant!... C'est un régal pour moi de me réciter des vers; et je suis sûre qu'alors, comme je les *sens*, je les dis bien. Mais je serais incapable d'en articuler à peu près convenablement, si je me savais écoutée.

Ce besoin que j'éprouve, si vif, de demeurer dans ma coquille, est-ce donc de l'égoïsme, comme mon grand frère Bernard le prétend? Pour me taquiner, j'espère. Mère me reproche de vivre «porte close». Pourtant, il me semble, qu'à tous, je me prête autant que je puis leur être bonne à quelque chose.

Mais, c'est vrai, je n'ouvre mon cœur qu'à de rares élus dont la tendresse m'y invite... Non, certes, par dédain ou résolution; mais parce qu'il m'est impossible de laisser pénétrer les passants dans le sanctuaire où vit, retirée, la vraie Mireille;—celle qui possède des trésors pour qui lui paraît les mériter.

Et ce quelqu'un est là, bien près... A l'aube de mes dix-huit ans, je l'aperçois, dressé en pleine lumière devant mon horizon,—l'ami de ma toute jeunesse. Qu'il me tende la main, et je laisse tomber la mienne; sans que, ainsi, j'obéisse à ma volonté, à ma sagesse, à un choix raisonné, je le comprends bien! Mais parce qu'il est *Lui*!

Ce qui me trouble un peu, c'est que je sais bien qu'il ne me connaît guère... Car, c'est étrange, je lui parle très peu de moi. Peut-être, un jour viendra, où, sur son désir, je lui ouvrirai, large, le sanctuaire dont il deviendra la divinité. Mais à cette heure, il ne soupçonne pas en moi, je m'en aperçois bien, une Mireille différente de sa rieuse petite amie; une Mireille plus mystique que pieuse, exigeante sur la valeur de ceux qu'elle aime, qui se reproche de ne pas valoir plus...

Si je lui confiais ce regret, il me répondrait tout de suite, je l'entends:

—Valoir plus!... Mais telle que vous êtes, pour moi, vous êtes l'élue.

C'est une chose étrange, mais j'ai la foi absolue qu'il nous sera donné d'être à jamais l'un à l'autre.

Et l'attente même de ce bonheur m'est une telle douceur, que, par moments, je me demande... stupidement! si le demain qui approche pourra être meilleur que mon présent...

14 mai.

Sagement, j'ai essayé de dormir, mais je ne peux pas!

Ce soir, il m'a dit: «Mireille, je vous aime trop pour attendre plus longtemps que vous deveniez mienne... Vous voulez bien, n'est-ce pas, que je vous demande à votre père? Mireille chérie, vous le savez, dites, que je vous adore...»

Je le savais... Mais que ç'a été bon de le lui entendre dire!

18 mai.

Il a parlé. Nous sommes fiancés. Et c'est divin!... Je n'ai même plus envie d'écrire mon bonheur. Il est en moi, dans mon cerveau, dans mon cœur, dans mon âme. Les mots l'abîmeraient en le racontant. Que c'est délicieux de vivre! Comment des pessimistes moroses osent-ils prétendre le contraire!...

Il y a cependant une ombre sur ma joie. Mère trouve absurde qu'on ait même l'idée de marier «des enfants» comme nous. C'est elle qui parle. «Quand tu auras vingt ans, répète-t-elle, il sera temps.»

Malgré ma belle confiance, j'ai un peu peur de ces déclarations, car maman ne fait jamais que ce qu'elle veut. Père la laisse agir tout comme il lui plaît. Elle sait si joliment s'arranger pour qu'il soit impossible de lui résister!

Heureusement, cette fois, père est en très bonnes dispositions à notre égard... J'espère bien fort en lui. Tout bas, je le supplie, avec la tendresse que je lui ai toujours vouée et qu'il me rend si profonde!... Alors je ne me tourmente pas trop!...

15 août.

J'avais bien raison de me fier à lui. Il a triomphé des objections et de la résistance de maman, qui, d'ailleurs, a été aussi influencée par Bernard dont l'opinion a beaucoup de poids sur elle... Mon cher grand frère, qu'il a donc bien plaidé la cause des «deux petits gosses», comme nous sommes décidément baptisés!

28 août.

Alors, c'est chose maintenant entendue. A l'automne, nous serons mariés. Encore deux mois d'attente! S'il n'y avait pas tant d'occupations qui nous absorbent, cette attente nous paraîtrait interminable.

Quand je pense qu'il y a eu un temps où je considérais le mariage tel une espèce de confrérie solennelle où, tout de même, il me semblait devoir être un peu effrayant de pénétrer... Et maintenant, je l'aperçois comme l'éden vers lequel tout mon cœur s'élance... Car j'y entre avec un compagnon si cher que nulle crainte ne pourra m'assaillir quand, pour y avancer, je sentirai ma main blottie dans la sienne, ferme et tendre...

Maman me saupoudre de bons conseils. J'écoute. J'ai l'air d'écouter, devrais-je dire pour être bien vraie; et je garde, enfermée en moi, la joie brûlante et grave qui m'illumine le cœur. Ses paroles bourdonnent à mes oreilles et n'arrivent pas à ma pensée où résonne une musique de fête dont la chanson me grise.

. . . .

Mireille s'arrêta de lire... En cette veillée de deuil, c'était vraiment trop cruel de revoir les pages qui célébraient son jeune bonheur.

Et, comme elle se fût enfuie, elle tourna les feuillets... Puis d'autres encore... Mais, instinctivement, au passage, elle s'arrêtait à des notes brèves qu'elle avait griffonnées en cette période de sa vie où elle ne s'appartenait plus, vivant pour un seul être qui l'enivrait.

Oh! ces années de mariage, quand maintenant elle les regardait—quand elle avait le courage de les regarder!...—il lui semblait revoir un horizon splendidement lumineux, devant lequel Max et elle se mouvaient ainsi que jouent des enfants; avec le besoin de jouir de leur jeunesse jusqu'à en être grisés.

C'était le temps de leurs fugues d'amoureux, en voyage, à Paris; des incessantes parties carrées avec d'autres jeunes couples, leurs contemporains; des fantaisistes soirées dans les cabarets, les théâtricules de Montmartre; des continuelles sorties du soir, dans le monde, dont lui, bien plus qu'elle, avait l'insatiable goût.

Pendant ces quatre années, conduite, entraînée par son mari, elle s'était vue emportée dans une sorte d'étourdissante farandole où elle perdait la notion de la vie intérieure qui lui avait été si précieuse. Le mariage que lui révélait son jeune époux, avait éveillé en elle une ardente amoureuse, doublée d'une mondaine coquette.

Elle aussi, autant que ses amies, autant que sa mère, en était venue à prendre un très vif intérêt aux chiffons de toilette qui devaient, le mieux, mettre en valeur sa fine beauté que le bonheur faisait radieuse. Alors, il lui plaisait, non pas seulement pour son mari, mais aussi pour elle-même, d'être flatteusement remarquée partout où elle paraissait; frôlée par la flamme des convoitises dont elle s'amusait; d'être sacrée l'une des plus jolies femmes du Tout-Paris mondain.

Comment, de si peu, avait-elle pu faire sa richesse?... Comment lui avait-il suffi, cet amour de Max, capiteux et léger comme la mousse du Champagne,—jusqu'à l'heure où la guerre l'avait sacré et soudain élevé... Cet amour qui vivait, dans leurs deux cœurs, pêle-mêle avec tant de puérils soucis...

Lui, elle en avait l'intuition, ne le désirait pas autre. Il avait un tel besoin de plaisir et de mouvement!

Aussi, elle, avec la clairvoyance de son cœur plus profond, savait nécessaire de se montrer, pour lui, la femme qui ne pouvait lui en laisser souhaiter aucune autre.

Il le fallait... Il était si terriblement *flirt*! De-ci, de-là, elle retrouvait dans son journal, l'écho d'une impression jetée en elle par son attitude auprès de femmes qui, pour une raison ou une autre, retenaient son attention. Bien vite, elle avait vu qu'elle eût été aussi impuissante pour empêcher cela que pour arrêter le souffle qui dilatait sa poitrine d'homme de vingt ans.

Et, en elle, cette conviction avait sourdement insinué une déception qu'à peine, peut-être, elle s'était avouée... Pas plus que la sensation de vide qui, parfois, s'abattait sur elle dans le tourbillon de plaisirs où elle devait se mouvoir... Pas plus que son obscur regret que leur bonheur ne fût pas plus intime, moins différent de celui qu'elle avait rêvé dans la ferveur de ses dix-huit ans.

Une page portait la trace de cette préoccupation. Par hasard, elle venait sous ses yeux, datée du printemps de 1914.

Au début de mai, elle avait écrit:

4 mai.

Nous avons eu un hiver, puis un printemps si agités que, un peu fatiguée, sans doute, je suis devenue ridiculement nerveuse. Très vite, comme Max me le reproche avec une drôlerie gamine, à la moindre contrariété, je me montre *crin*. Ses flirts m'exaspèrent au lieu que j'en rie, comme d'ordinaire. Je m'irrite de ne pouvoir me délivrer des thés, parties, soirées... Je suis lancinée par une soif grandissante d'isolement avec Max et mon poussin.

J'ai essayé de taire ces fâcheuses dispositions. Mais, sans doute, je m'y suis mal prise; car, Max, stylé par mère, m'a envoyée chez notre médecin; lequel, malgré mes protestations, a jugé bon de m'ordonner une cure de repos à Fontainebleau. Je me suis révoltée. Max, sous l'influence de mère, a insisté, mis en branle son autorité conjugale. Et bref, vaincue,—sans regret vrai, même avec une sensation de délivrance...—je suis partie passer cette première semaine de mai à Fontainebleau, sous l'aile de mes parents, et avec mon petit, fou de joie de ce voyage.

Max, lui, n'est pas venu; ses fonctions chez son agent de change le retenant à Paris. Et, séparée de lui, je suis un corps sans âme, dans ce milieu étranger.

11 mai.

«Un corps sans âme», ai-je écrit ces jours-ci. Erreur que le temps qui fuit me révèle. Est-ce l'influence de la paix émanant de la belle forêt silencieuse, tout embaumée de verdure fraîche et chaude de soleil, qui, tout à coup, a ressuscité en moi l'âme de jadis. Une âme que j'avais oubliée... Une âme pensive qui cherche les profondeurs, consciente qu'il y a plus et mieux que la vie papillotante et vide!... à laquelle je m'abandonne depuis quatre ans.

Pendant mes flâneries solitaires dans les allées où, à travers le réseau des branches, le soleil lance des flèches de lumière, je me prends à réfléchir, comme je ne l'ai guère fait depuis quatre ans dans notre existence d'amour et de plaisir.

Ah! que cette atmosphère semble l'élément même de Max!

Quel appétit il a, dont je suis effrayée parfois, de savourer les multiples goûts de la vie!... Oui, effrayée!

Lui suffirai-je toujours?... En ce moment, j'en ai l'intuition décevante, il supporte aisément notre séparation pour laquelle il trouve force distractions... Alors que moi, sans sa présence, je sens mon cœur pareil à un enfant perdu dans un désert...

Oh! l'avoir, dans ce calme où nous serions l'un à l'autre, sans qu'il m'échappe, à tout moment, mon *flirt* époux. L'avoir ici, ce serait, pour moi, la réalisation d'un rêve divin...

Pour moi! Mais lui, mon Max, qui ne comprend la forêt que pour y chasser ou galoper à cheval, il trouverait vite insipides, je le crains, mes grandes allées désertes et soupirerait après l'asphalte de ses boulevards.

Ah! pourquoi donc ne suis-je pas... ne puis-je être comme lui? Pourquoi la sévérité involontaire et soudaine, avec laquelle je me prends à juger mon existence?... Pourquoi ce désir dont j'ai déjà entendu l'appel, d'une vie plus haute? Désir dont je suis presque épouvantée; car j'ai la conviction, qu'en cette période de notre jeunesse, Max, mon cher compagnon, ne le partagerait pas, ni même le comprendrait.

Je me souviens... Quelquefois, dans des instants de lassitude, il m'est arrivé de trahir mon impression sur l'emploi que nous faisons de nos heures.

Il m'a regardée, si franchement stupéfait que, malgré moi, je me suis mise à rire... Et pourtant une espèce d'angoisse m'avait serré le cœur, de sentir combien sur certains points nous sommes loin l'un de l'autre...

Il m'a prise dans ses bras et m'a dit avec un effroi comique:

—Mireille, ma délicieuse Mireille, ne deviens pas une petite Minerve, je t'en supplie! Qu'est-ce que je ferais alors, moi, humble mortel, incapable de grimper, encore plus de me soutenir, sur les sommets!... Reste seulement une adorable amante, ma Mireille.

Il était si convaincu, sous son accent de badinage, que je n'ai pas insisté. J'avais bien compris que, à l'heure présente, il ne peut me donner un bonheur autre que celui qui m'est accordé depuis notre mariage,—le bonheur que j'avais souhaité d'ailleurs...

17 mai.

Max est arrivé à l'improviste. Et de cette surprise qu'il me faisait ainsi, tout mon cœur a bondi d'abord d'une joie folle et reconnaissante.

La première heure a été exquise; il était si tendre! Plus gravement que d'ordinaire. Ce n'était pas «l'amant» que je trouve presque toujours en lui, mais l'époux-ami qui cherche mon cœur; à qui ne suffit pas ce qu'il appelle ma beauté et que je lui abandonne comme son bien...

Et puis, je ne sais quelle bizarre impression, tout à coup, m'a troublé l'âme. Max n'était pas pareil à lui-même!

Alors qu'il me croyait distraite, je sentais ses yeux se poser longuement sur moi. Une ou deux fois, il a semblé prêt à me dire quelque chose... Tellement, que j'ai interrogé, sans réfléchir, d'instinct:

—Max, tu as une nouvelle à me confier?

Il m'a presque violemment attirée et, me caressant les cheveux,—nous étions assis seuls avec Jean, à l'orée de la forêt, mon chapeau jeté par terre, dans l'herbe...—il m'a répondu:

—Une nouvelle à te confier?... Non... Quelle idée as-tu là!... C'est à toi de me raconter ce que tu deviens, ici, Mireille chérie.

J'ai d'abord obéi, tant j'ai l'habitude de faire tout ce qu'il me demande. Mais soudain, interrompant le simple récit de mes journées à Fontainebleau, j'ai questionné à mon tour, sous une irrésistible impression:

—Max, à toi maintenant de me dire comment s'est passée la semaine, depuis ta dernière visite... Qui as-tu vu?... Où as-tu dîné?

Comment ai-je eu, si nette, la certitude d'une hésitation dans sa voix, d'une ombre sur ses traits?...

—Où j'ai dîné? Voyons... Lundi?... Ah! chez Maud qui, aimablement, m'avait recueilli, m'ayant rencontré dans la journée.

—Elle avait du monde?

—Non, c'était un dîner tout intime.

—Qui a été agréable?...

—Oui...

—C'est vrai, Maud est exquise.

Il ne me répond pas et regarde Jean qui trottine autour de nous.

Moi, je songe. Devant le regard de ma pensée, j'ai soudain l'image de Maud, ma jeune cousine «à la mode de Bretagne», comme disent les bonnes gens, mon amie d'enfance... Aujourd'hui, une étrange et capiteuse jeune femme qui, orpheline tout enfant, a été remarquablement mal élevée; gâtée à souhait par une grand'mère incapable de résister à son impérieuse petite volonté et, toujours malade, l'abandonnait à des institutrices de rencontre, sans cesse changées.

Père était son tuteur. De sorte que, bien malgré elle, maman qui l'observait, sévère et horrifiée, n'a pu m'empêcher de la voir; d'autant que la simple charité commandait d'aiguiller, le mieux possible, cette fougueuse petite créature qu'il était un devoir de ne pas abandonner.

Alors, ensemble, nous avons grandi, joué, travaillé, sous l'œil inquiet de maman. A dix-sept ans, en coup de tête, Maud a épousé un prince roumain qu'elle avait rencontré à Deauville, dans la colonie étrangère. Puis, après trois ans d'une union très orageuse, elle a obtenu la séparation; non pas le divorce, qu'elle ne souhaitait pas, car, jusqu'à nouvel ordre, il lui plaît de porter le titre de princesse Ypsilof. Depuis lors, il y a un an, elle vit seule, à sa guise; ayant dû, toutefois, sous l'énergique volonté de père, accepter un appartement dans l'hôtel de sa grand'mère. D'ailleurs, elle n'y séjourne guère; elle a la passion des voyages.

Je l'ai beaucoup vue aux premiers temps de mon mariage. Et, tout de suite, Max s'est occupé d'elle d'une façon qui, les jours où j'étais nerveuse, me donnait une sorte d'anxiété. C'est que je la sentais si bien une femme inquiétante et savoureuse, mon amorale petite amie qui ne connaît que son bon plaisir; si ardente pour le réaliser que, pas méchante certes! elle n'hésiterait pas à faire atrocement souffrir,—sans y penser!...—pour atteindre ce qui la tente...

Point jolie! disent les gens qui n'aiment que les beautés compréhensibles à tous... Mais si séduisante pour les connaisseurs, avec ses traits irréguliers, son teint de rose pâle, sa bouche un peu grande, ses lèvres un peu lourdes... Oui, mais d'un dessin délicieux; souples, caressantes, chaudes comme ses beaux yeux, longs et voilés.

En la sincérité de mon âme, je reconnais qu'il m'est de plus en plus désagréable que Max la voie... Surtout depuis que Pierre Ypsilof n'est plus là pour veiller sur son bien. C'est qu'aussi, Maud est si charmante avec Max!

Cette fois, donc, non seulement ils s'étaient rencontrés, mais il avait dîné chez elle... Moi, loin de lui... Par hasard, avaient-ils été seuls? Bizarrement, j'hésitais à interroger Max. Du bout de mon ombrelle, songeuse, je dessinais des arabesques fantaisistes sur la terre, blanche de soleil... Ai-je rêvé longtemps ou quelques minutes?... Je n'en sais rien... Tout à coup, une question sort de mes lèvres, sans que ma volonté l'ait permise:

—Qu'y avait-il, avec toi, chez Maud?

Il a un léger rire qui, illusion ou réalité, me paraît un peu forcé, et il baise mes doigts l'un après l'autre. Nous sommes toujours seuls dans le carrefour. Jean ne compte pas.

—J'espère que ma Mireille ne sera pas jalouse si, honnêtement, je lui raconte que j'ai dîné en tête à tête avec Maud qui n'avait aucun convive ce soir-là.

—Ah! vous étiez en tête à tête... C'est vrai, Maud ne craint pas pour sa réputation.

Je sens qu'à mon tour j'ai eu quelque chose de forcé dans l'accent. Mes yeux contemplent le lointain de l'allée qui fuit devant moi. Mais avec le regard de l'âme, je vois, dans la salle à manger que je connais bien, originale comme tout l'appartement, comme la maîtresse du logis elle-même, je vois Maud habillée ainsi qu'elle sait le faire, qui cause avec Max, qui lui sourit, qui l'enveloppe de la flamme caressante de ses yeux voilés.

Je la vois comme si elle était vraiment là, appuyant, du mouvement que je sais bien, son menton sur ses mains croisées où luisent les bagues; ses bras nus jusqu'au coude; leur pâleur veloutée faisant songer aux fleurs des magnolias...

Sans doute, le dîner fini, ils ont passé dans son petit salon, tout imprégné de cette senteur rare et violente dont elle-même est toujours enveloppée. Et il me semble qu'un étau me meurtrit le cœur. Pourtant je ne dis rien. Machinalement, je roule mon anneau de mariage autour de mon doigt...

Je ne regarde pas Max; et cependant, je vois que son visage est pensif. On dirait qu'il va parler; puis qu'il hésite à le faire...

Alors, encore une fois, les mots que j'ai déjà prononcés tout à l'heure m'échappent:

—Tu as quelque chose à me dire, Max?

Il secoue les épaules, ainsi qu'il laisserait tomber un fardeau; et il me caresse de son sourire câlin:

—Ce que j'aurais à te dire, si ce n'était une vérité trop connue de toi, mon amour, c'est que personne au monde ne vaut et ne peut être pour moi ma Mireille!

—Pas même Maud?

Les mots ont jailli à la façon d'un torrent qui culbute une digue. Heureusement, d'instinct, j'ai pu parler sur un ton tout naturel.

Max a un geste d'impatience... presque violent, sans souci de Jean qui, son petit nez en l'air, nous contemple bouche bée.

—Pourquoi parler de Maud?... Près de toi, elle n'existe pas!

Il est sincère, je le sens. Et cela m'est si bon que, soudain apaisée, je m'abandonne toute à la douceur de la certitude que son accent jette en moi. Il me semble qu'un poids est tombé de sur mon cœur qu'il oppressait. De nouveau, la forêt me paraît un éden enchanté, embaumé par la jeune verdure, le soleil, le bois gonflé de sève! Et je passe une journée incomparable. Mère est à Paris; et Fontainebleau est à nous deux, mon Max et moi... Le Max que je voudrais toujours trouver en lui!

Paris, 30 mai.

Tantôt j'ai rencontré Maud que je n'avais pas revue depuis mon retour de Fontainebleau. Et, à ma grande surprise, elle a eu, presque, le mouvement de continuer sa route, quoiqu'elle m'eût aperçue. Mais nous étions si près l'une de l'autre que, sans doute, elle s'est rendu compte qu'elle aurait ainsi un air de me fuir, tout à fait bizarre; et elle s'est arrêtée.

Elle était dans ses jours de beauté, sous sa capeline de paille; les yeux allongés par un cerne de bistre doré; sa peau laiteuse, à peine un peu rose aux joues, avivée par l'éclat sanglant des lèvres. Et je ne sais pourquoi, la pensée m'a traversé le cerveau que je n'aurais pas voulu que Max la vît ainsi.

Avait-elle ce visage quand, l'autre soir, il a dîné seul avec elle?... A cette interrogation, qui était soudain montée des profondeurs de mon âme, personne ne répondra, ni lui, ni elle... Je ne saurai jamais.

Et cet inconnu m'est pénible... Il est si aisément séduit, mon Max; et Maud n'est soucieuse que de son caprice. Elle le dit; et hélas! je crois que c'est vrai... De plus en plus, elle est incapable de renoncer à ce qui la tente...

Je sentais sur mes lèvres de folles et inutiles questions qu'un sursaut de raison m'a fait taire. Et j'ai remarqué simplement, me remettant à marcher près d'elle, car toutes deux nous suivions un instant la même direction:

—Tous les jours, Maud, j'attendais ta visite. Pourquoi donc m'as-tu délaissée? Tu étais sortie quand j'ai passé chez toi, après mon retour de Fontainebleau.

Elle a eu un geste d'épaules.

—J'ai été une vraie Benoiton, ces temps-ci! Tu le sais, il y a des périodes où la solitude me devient intolérable... Et aussi mon logis silencieux et vide... Dans ces moments-là, je n'ai plus qu'une idée, sortir, voir beaucoup de monde, pour ne pas penser!...

Sans réfléchir, inquiète pour elle, j'ai dit:

—Ma pauvre Maud!... Prends garde d'en venir ainsi à gâcher ta vie!...

—Qu'importe?... Et qu'est-ce que cela peut te faire, ce que je deviendrai!

—Maud, tu es mon amie, la chère petite amie de mon enfance... Je ne pourrais accepter que tu sois malheureuse par ta faute!

Elle a eu un tressaillement si vif que j'en suis restée stupéfaite. Son visage était devenu couleur de neige; même les lèvres avaient perdu leur éclat. La voix assombrie, elle a murmuré avec une sorte d'amertume railleuse:

—Tu es trop bonne, Mireille! Ne t'occupe pas de moi, cela vaudra mieux pour nous deux. Laisse-moi gaspiller ma vie comme je l'entends et comme je peux. Au revoir!

Nous étions au bout de la rue. Elle ne m'a pas même tendu la main; et, détournée brusquement, elle a traversé la chaussée.

Depuis ce jour-là, je ne l'ai pas revue. J'en ai fait l'observation à Max qui m'a répondu d'un ton bref et impatient:

—Ne t'inquiète pas d'elle!... Ce n'est pas une société pour toi.

Je l'ai regardé, presque indignée:

—Max, tu sais bien qu'elle est mon amie de toujours! Je ne pourrais l'oublier, même si elle me délaissait!

—Ne l'oublie pas, soit... Mais ne la mêle pas à ta vie! A l'heure actuelle, étant données vos situations réciproques, il est préférable que vous ne vous voyiez pas... Du moins, que ce soit aussi peu que possible!

Le ton de Max, sa décision, m'étaient incompréhensibles. Mais son accent était si absolu que, habituée à toujours lui obéir, je ne discute pas—pour l'instant, du moins—sa déclaration imprévue.

Lui, d'ailleurs, n'insiste pas. Et, à son exemple, je me tais sur cette situation nouvelle qu'il prétend établir entre Maud et moi.

Mais, pas une seconde je n'ai eu la pensée que je pourrais, sans plus de motifs, abandonner cette amie qui m'est chère, telle qu'elle est, avec ses défauts et son charme capricieux.

6 juin.

Ah! qu'elle est bien tombée dans le passé, ma douce vie de Fontainebleau, si paisible...

Pour suivre Max, j'ai repris rang dans la farandole mondaine qui nous entraîne, sans repos, vers la clôture de notre saison.

Ensuite, vont venir les villégiatures d'été, Deauville, les chasses; toujours en société nombreuse et trépidante, hélas!

Comme il me hante, ce désir d'une existence autre qui s'est insinué en moi si impérieusement. Je n'en dis plus rien à Max, toujours très satisfait de notre sort. Et sans doute, il a raison. Est-ce que je deviendrais misanthrope?... Pourquoi est-ce que je me replie ainsi sur moi-même et recommence à vivre *en dedans*, comme au temps où j'étais jeune fille?...

Il ne faudrait pas cela. Mon devoir, il me semble, pour le présent, du moins, est d'être telle que Max le souhaite; de le suivre dans le tourbillon pour qu'il ne m'échappe pas, mon cher, mon brillant époux, trop adulé par toutes les femmes qui ont l'intuition du pouvoir qu'elles possèdent sur lui.

Peut-être, après tout, les années passant, il éprouvera aussi la fatigue du vide où nous nous agitons. Peut-être, aussi, est-ce à moi de l'amener à désirer *plus* de la vie...

Mais que ce sera difficile!... Nous avons, je le comprends, maintenant, des natures tellement différentes... Chaque jour m'en donne une conscience plus profonde. Et c'est triste!

Ah! je ne veux plus penser à cela! Il me faut, comme Max, être convaincue que notre vie doit être une charmante et amoureuse aventure. Rien de plus!

29 juin.

Suis-je moins gaie que jadis?... Père, qui était venu me faire une petite visite, a interrogé, parce qu'il m'avait vue tressaillir à son entrée, ramenée d'une vague songerie:

—Quelle mine grave tu avais, Mireille, quand je suis arrivé! Est-ce que quelque chose te tourmente?

—Non, père, rien du tout... Mais c'est vous plutôt qui, ces jours-ci, je l'ai bien remarqué, avez l'air soucieux... Un air que vous n'avez pas d'ordinaire. Je ne voudrais pas être indiscrète. Mais vous n'avez pas d'ennui, n'est-ce pas?

Père m'a rassurée avec un bon sourire:

—Une préoccupation tout au plus, mon enfant. Une préoccupation politique.

J'ai ouvert de grandes prunelles, un peu effarées. La politique! Qu'est-ce que cela peut bien faire à père qui est tout à ses travaux du Conseil d'État...

Et j'écoute, sans comprendre, le pourquoi de son inquiétude.

—J'ai très peur que le conflit actuel entre les puissances n'amène...

—Quoi donc, père?

Ma question est un peu distraite, car, les yeux dans la glace, je relève une petite mèche qui frise sur ma nuque.

—...n'amène la guerre.

Je le regarde, stupéfaite, comme si je venais d'entendre un mot vide de sens. Je ne lis guère les journaux et Max ne m'a rien raconté.

Est-ce que vraiment, dans notre siècle civilisé, les hommes peuvent encore songer à vider leurs différends comme des brutes ou des sauvages?

—Père, que dites-vous là? C'est impossible, la guerre, de notre temps!... On en parle. Oui... Toujours! Mais jamais elle n'éclate. Tant de fois, déjà, il en a été question. Ce sera encore de même.

Père me contemple, je le devine, comme un bébé qui jase à tort et à travers; et il y a, cette fois, une indulgence ironique dans son sourire:

—Souhaitons que tu voies juste, enfant; car le conflit serait épouvantable. Et quel bouleversement pour tant d'êtres!

Je tressaille; les paroles de père m'ont atteinte en plein cœur, déchirant ma naïve quiétude. J'ai compris, chez lui, tant de grave anxiété...

La guerre! Max partirait! Et aussi Bernard!... Et tant d'autres, des amis, des étrangers...

En torrent, la vision surgit en moi. Mon visage a dû changer; car père met tendrement la main sur mes cheveux.

—Allons, enfant, ne vous troublez pas ainsi. Rien n'est sûr, chérie. Je t'ai parlé de mon souci, seulement parce que tu t'en étais aperçue et m'as interrogé... Aussi parce que je pense préférable que les gens soient avertis d'un danger possible... Surtout les heureuses petites femmes! afin qu'elles soient un peu préparées à la secousse qui pourrait les atteindre...

—Oui... oui, père...

Nous avons parlé d'autre chose.

Mais l'horrible crainte ne me quitte plus. Le soir, j'en ai dit quelques mots à Max qui, pour toute réponse, a répliqué allégrement:

—Mon amour, laisse donc la politique en paix et ne t'agite pas. Les diplomates arrangeront tout cela. Sois sans crainte! C'est leur métier.

Et comme nous allions dîner à Armenonville avec les de Permes, il a fini:

—Tu es prête, mon petit? Dieu! que tu es jolie ce soir!...

12 juillet.

Jamais je n'ai tant lu de journaux et avec un pareil intérêt...

Père ne me dit plus rien. Maman ne paraît pas du tout tourmentée par cette idée de guerre et organise paisiblement son été. Bernard, à qui j'ai laissé voir mon inquiétude, s'est exclamé:

—La guerre?... Tout est possible!... Eh bien! ce serait très intéressant, la guerre! Cette fois, j'espère bien que nous arriverions à flanquer une bonne pile aux Allemands... Quel délice!

. . . .

Mireille, qui lisait avec toute son âme, releva un peu la tête, regardant autour d'elle, comme si elle allait, tant ces pages ressuscitaient le passé, revoir la chambre de jadis où elle avait écrit les dernières lignes qu'elle venait de lire,—la chambre toute parfumée par leur amour.

Son cœur battait à larges coups devant cette évocation des jours disparus. Instinctivement, elle joignit les mains; en elle, criait l'angoisse des heures précédant celle où avait éclaté l'épouvantable crise.

Quelques lignes seulement la mentionnaient:

31 juillet.

C'est la guerre! Et il part, mon Max bien-aimé... Comme partent Bernard et tous les autres. Le cauchemar est devenu une réalité...

4 août.

Alors, c'est bien vrai! Il est parti. Mon cœur s'est brisé, et cependant je vis... Il est parti avec le même entrain qui l'animait quand nous nous mettions en route pour Saint-Moritz ou Chamonix, au temps des sports d'hiver.

Après les instants affreux des préparatifs de départ, j'ai senti, une dernière fois, aux mortelles minutes de l'adieu, ses baisers caresser mon visage, mes cheveux, mes yeux, lourds de larmes que je ne voulais pas verser, mes lèvres que je ne pouvais détacher des siennes. Il avait l'air si sûr de la brièveté de la tempête que sa présence me soutenait. Un moment, j'ai cru vraiment que, bientôt, il reviendrait, comme il me l'a répété tant de fois.

—Une promenade de six semaines! Ne t'affole pas! chérie... C'est charmant pour nous de connaître, pendant quelque temps, une existence nouvelle relevée par une certaine saveur de danger... Cela me changera agréablement des financiers et de la Bourse!

Et qu'il était joyeusement convaincu, en me disant cela!

Mais depuis qu'il est loin, la confiance qui me galvanisait s'est évanouie en une poussière que la terrible tourmente emporte.

6 août.

Pas une dépêche. Pas un mot. Oh! ne rien savoir de lui! Quel supplice de toutes les secondes... Où est-il?... Que lui arrive-t-il?... Quatre jours, déjà, depuis qu'il est parti... Si gai! Il y avait en lui une bravoure joyeuse que je ne soupçonnais pas et dont je suis fière, dans ma peine; une sorte de curiosité pour cette vie inconnue qui s'ouvrait devant lui; un oubli absolu du danger, de la mort qui, désormais, va rôder autour de lui...

Ah! Dieu, à cette heure, je l'aime comme jamais, peut-être, je ne l'ai tant aimé!...

8 août.

Rien encore. Comment est-ce que je peux résister à l'angoisse qui me torture jour et nuit? Dans notre *home*, désert sans lui, je me meus, l'esprit supplicié par la vision des jours finis, de notre dernière semaine d'insouciance, si proche... Et pourtant, déjà si effroyablement lointaine!

Est-il possible qu'il y ait seulement quinze jours que nous vivions grisés par notre bonheur au point de ne pas croire à l'orage qui montait... Quinze jours seulement que nous dînions à Saint-Germain, avec des amis aussi peu inquiets que nous-mêmes. Quinze jours que nous sommes restés tard à écouter les tziganes dans un jardin qui embaumait les roses... Quinze jours que, pendant notre retour en auto, à travers la belle nuit d'été, Max se montrait si amoureux que, pour le taquiner, je prétendais qu'il allait nous faire arrêter par quelque agent pudique.

Et puis, sur notre puérile sécurité, la catastrophe s'est abattue...

Les souvenirs de cette soirée me déchirent. Tantôt, quand je suis entrée dans la lingerie, chercher de la toile pour les ambulances, ma femme de chambre, justement, rangeait la robe de linon que je portais ce soir-là... Je me suis enfuie pour ne pas voir ces dentelles, ce corsage que Max a touchés...

10 août.

Toujours rien! Les journaux parlent de combats sanglants, s'appliquent à faire des phrases fortifiantes.

Qui peut les croire?...

Notre propriété d'enfance en Lorraine doit, maintenant, être la proie des Boches!

Père essaie de me réconforter. Mère est compatissante. Mais elle pense surtout à Bernard, pour qui elle tremble comme moi pour Max.

Où es-tu, Max, mon Max? Ah! quelle incessante prière supplie dans mon cœur déchiré!

14 août.

Enfin! enfin! quelques lignes griffonnées sur le pilier brisé d'une église, dans un village en ruines, encore tout fumant de l'incendie. Mais un mot vaillant; si j'osais, je penserais, presque allègre. Max se bat avec une sorte d'ivresse.

Il m'écrit des choses délicieuses:

«Mon amour, à toute heure je vais te retrouver... Pour mieux dire, je suis toujours avec toi. Tu ne te doutais guère, ma Mireille chérie, que tu assistais ainsi—puisque partout j'emporte ton souvenir—à de terribles scènes, que tu entrais dans de pauvres villages éventrés, calcinés, labourés par les obus. O mon cher amour, quand nous prononcions le mot de «guerre», nous ne pouvions nous imaginer ce que c'est atroce et splendide, la guerre! Tout ensemble, je suis passionnément intéressé et horrifié... Quels spectacles épouvantables, sublimes, je suis amené à contempler!

«Mais aussi, il me semble que l'atmosphère de danger dans laquelle je suis jeté décuple mon intensité de vie!

«Mireille, je t'adore...»

15 août.

Mère veut absolument quitter Paris et ne prétend pas me laisser derrière elle, seule avec Jean.

Et moi, je n'ai qu'un désir, demeurer dans mon foyer dévasté où, partout, je retrouve l'image de Max. Ainsi, je suis moins séparée de lui. Là, il me semble que les chères nouvelles doivent m'arriver plus vite. Ah! cette attente des lettres, d'une dépêche qui ne vient pas... Du matin au soir, j'espère follement,—stupidement!—même contre toute possibilité.

Est-ce que jamais je redeviendrai, je *pourrai* redevenir la femme que j'ai été jusqu'à ce terrible 1er août? Quelque chose est mort en mon âme. Ma foi au bonheur... La confiance que je n'avais qu'à marcher dans la vie, tout droit devant moi, dans le beau chemin qui s'offrait, blottie contre Max et regardant grandir mon tout petit.

J'existe aujourd'hui avec l'impression que, soudain, mon cœur a été brutalement précipité dans un gouffre où il gît, blessé à ce point, que ses battements me sont une torture.

Ah! je les connais maintenant, le déchirement de la séparation, le supplice de l'incertitude!

. . . .

Mireille tourna des pages et encore des pages. Ce n'était pas sa propre peine qu'elle voulait retrouver. C'était Max qu'elle prétendait évoquer un instant pour tromper la soif de sa présence.

Au passage, elle lut, sans s'arrêter, une ligne:

«Nous voici à Pau.»

Pau... Ce nom réveillait la vision de la belle ville riante, où sa mère s'était vite créé une existence telle que d'ordinaire, durant les villégiatures d'été; réunissant autour d'elle le cercle de ses relations transplantées aussi à Pau, par la tempête.

Elle, devenue farouche sous l'étreinte de son tourment, vivait à part, repliée sur elle-même; moralement étrangère à sa mère qui, malgré l'inquiétude pour Bernard, pouvait recevoir, offrir des thés sous couleur de travail pour les blessés, assister à des concerts de charité au profit des soldats. Ce semblant de vie mondaine la révoltait; et, avec passion, elle se donnait à sa mission d'infirmière qui, seule, l'aidait à supporter les heures de terrible anxiété.

Et puis, les froids de l'hiver passés, Mme Dabrovine avait voulu revenir à Paris; et, comme d'ordinaire, son mari avait cédé à son désir, manifesté avec la bonne grâce dont elle était coutumière, mais aussi sa tenace volonté de femme toujours gâtée.

Mireille, indifférente à tout ce qui n'était pas la lutte épouvantable, avait suivi, passive. A peine elle était de retour, une dépêche lui arrivait. Max avait été blessé; légèrement, disait-il. Il était évacué sur son Dépôt de Bretagne, et lui demandait de venir.

Instinctivement, elle chercha les pages où elle avait noté cette première étape vers le calvaire gravi un peu plus tard.

2 mars.

Quelques lignes de Max: «Chérie, j'ai été égratigné par une balle; rien de sérieux, je te le jure. J'ai été pansé, soigné à l'ambulance du front; maintenant je suis expédié à mon Dépôt. Je t'y attends, ma Mireille... Oh! que cela va être délicieux de nous retrouver!»

Je pars ce soir. Maman est à Nice. Mais tant pis! je laisse Jean à son Anglaise qui est une excellente fille, très sérieuse, et je prie ma belle-mère de veiller sur mon petit. La pauvre femme était bouleversée de la nouvelle, voulait partir avec moi et n'osait quitter son mari très souffrant de rhumatismes et bien exigeant...

Je pars seule.

5 mars.

Une hâte folle m'a jetée bien trop tôt à la gare. Il m'a fallu attendre un train. C'était une torture. Enfin je suis partie!

Dans la nuit, j'étais à Nantes où, de nouveau, j'ai dû connaître le supplice de l'attente; car le train de correspondance était deux heures plus tard. Mais cette fois, le contre-temps a été providentiel.

Incapable de dormir, j'arpentais le quai encombré, contemplant,—avec quels regards de pitié et de fraternité!—la foule des poilus qui dormaient écroulés sur l'asphalte, sur les bancs, accroupis le long des murs; ou bien, devisaient assis sur leur musette; ou encore, fumaient en silence. A quelques-uns, moi si sauvage, je parlais, avide d'apprendre tout ce qui touche à la lutte dont l'écho résonne sans trêve dans mon âme.

Et puis, soudain, un grondement de machine, sous la toiture vitrée.

Un mouvement d'employés, de gens de toute sorte qui se précipitent, une exclamation dans toutes les bouches:

—Un train de blessés!

Je m'approche, comme tous.

Par les fenêtres ouvertes, j'aperçois les malheureux, allongés sur les couchettes de souffrance, les moins atteints, sur les bancs. Le train s'arrête.

Machinalement, je regardais toujours, tremblante de compassion et d'angoisse. Mes yeux s'attachent sur un wagon qui s'immobilise devant moi. Dans le cadre de la fenêtre, une tête pâle se penche, où luisent des yeux de fièvre.

Et soudain, un cri vient à moi, qui me secoue tout entière:

—Mireille!... Oh! Mireille! C'est toi!...

Qui m'appelle ainsi? Et avec cette voix! Je ne peux pas me tromper, c'est la voix de Max!... Je regarde autour de moi, éperdue, cherchant où il est, mon bien-aimé... Et, de nouveau, la voix répète:

—Mireille, je ne rêve sûrement pas... C'est bien toi! Pourquoi n'approches-tu pas?

Celui qui m'appelle, je le vois maintenant. C'est le pâle blessé du wagon. Et soudain, avec un sursaut de tout mon être, je comprends... Ce misérable au visage terreux, qui a une mine de vagabond, c'est lui, mon beau Max, dont j'étais si fière; tellement changé que j'ai pu ne pas le reconnaître; c'est le fantôme du brillant soldat qui m'a quittée il y a huit mois.

Comme une folle, j'ouvre la portière, arrachant ma peau à la poignée; je m'élance sur les degrés. Et alors, dans un même élan, nous nous étreignons, oublieux complètement du lieu où nous sommes, de ceux qui nous entourent, qui nous regardent... Et nous sanglotons tous les deux comme des bébés... Lui aussi, mon vaillant mari...

Ma tête est cachée sur son épaule. Je demeure serrée contre lui, ma main crispée sur sa capote sans couleur. Je n'entends que sa voix brisée qui me répète:

—Mon amour!... Ma Mireille!... Oh! te retrouver!

Ses baisers brûlent mon visage. Je ne pense pas qu'il y a autour de nous d'autres blessés qui nous voient. Je n'ai conscience que de sa chère présence soudain retrouvée.

Combien de temps, de minutes, de secondes, restons-nous ainsi, je n'en sais rien. J'ai oublié tout ce qui n'est pas lui!

Mais un employé arrive pour fermer la portière.

—Madame, madame, descendez, le train va partir!

—Va, bien-aimée... Demain, nous allons nous retrouver.

Demain! Il faut cette perspective divine pour que je me résigne à desserrer mes bras, noués autour de son cou.

Je relève la tête. Je revois la chère figure amaigrie, souriante, amoureuse comme en nos meilleurs jours. J'aperçois les camarades qui, autour de lui, nous regardent avec de bonnes faces attendries; l'employé, brave homme et curieux; la gare, dans la nuit que troue, brutalement, la clarté dure des globes électriques. Et après un dernier baiser, je saute à terre.

Mais je reste sur le quai, insatiable de contempler mon pauvre bien-aimé jusqu'au moment où le train s'ébranlant, je ne peux plus distinguer, dans l'ombre où il s'enfonce, le visage chéri qui me souriait.

A-t-il dû souffrir, pour être à ce point méconnaissable!

. . . .

De grosses larmes tombaient des yeux de Mireille sur le papier où revivait cette heure poignante.

Ensuite, étaient notés les souvenirs des jours qui avaient suivi la rencontre imprévue. Car le lendemain même, en effet, ils s'étaient rejoints pour plusieurs semaines.

Et ces semaines-là avaient été les meilleures, lui semblait-il, qu'elle eût connues depuis son mariage. Il n'y avait plus le monde pour les distraire l'un de l'autre. Max, cette fois, était tout à elle. Et une sorte d'ivresse, tragique et forte, naissait de la conscience de ce qu'était fugitif, ce rapprochement après tant de mois de séparation!

Et puis, il y avait eu le congé de convalescence qu'ils avaient passé à pérégriner en Bretagne, quand le printemps fleurissait les routes, colorant de bleu pâle le doux ciel mélancoliquement gris. Il y avait eu, avant le retour au front, leur séjour dans le petit pays où il était encore au Dépôt.

Comme ils avaient été heureux et gais, campés dans la ferme dont la plus belle chambre avait été abandonnée à la «jeune dame de Paris» que servait allégrement la fille aînée, une gamine de dix-sept ans, Marie-Anik, très bavarde, vivement intéressée paf les robes de sa passagère maîtresse, par ses bibelots de toilette, ses recherches de femme élégante qui la plongeaient dans une admiration enthousiaste. Fiancée à un garçon parti lui aussi, elle attendait ardemment son retour, tourmentant son père pour être mariée à la plus prochaine permission, parce que, expliquait-elle à Mireille, sa belle robe, toute prête à la déclaration de guerre, ne serait plus à la mode si elle ne se pressait pas de la porter.

Et, au hasard, Mireille continuait à lire.

2 avril.

Marie-Anik nous observe, Max et moi, avec une curiosité jalouse et drôle, où il y a cependant une sympathie vraie.

Ce matin, regardant Max qui s'éloignait à travers la place, elle s'est écriée:

—Madame, votre homme est aussi beau que le mien!

Elle est très flattée de ce que Max lui fait un doigt de cour; parce qu'il lui est impossible d'agir autrement avec une femme qui n'est pas un monstre. Or, Marie-Anik est fraîche autant qu'une fleur d'églantine.

Aussi, elle nous entoure de prévenances, à sa façon, tenant à nous servir elle-même, au lieu de laisser faire la grosse fille qui la seconde dans les travaux de la ferme, sous l'œil aigu de son père.

Nous mangeons une cuisine déconcertante, plutôt primitive, dont la variété est absente... Ce qui fait un peu soupirer mon gourmet de mari. Alors, je fouille dans mes souvenirs de fillette, du temps où, aux vacances, nous nous amusions à cuisiner. Je rassemble mes rudimentaires connaissances en pâtisserie; et, grâce à un livre que j'ai pu faire venir de la ville voisine, je risque des essais d'entremets, plus ou moins couronnés de succès, qui sont pourtant croqués de bon appétit par mon beau lieutenant. Il nous semble être des gamins faisant la dînette et nous nous amusons comme tels!

Ah! qu'elle est exquise, cette halte imprévue que le ciel nous accorde dans notre marche vers l'avenir,—si cruelle depuis quelques mois.

Dans ce petit pays perdu, enfin, enfin! je trouve la vie d'intimité absolue que j'ai tant désirée... Pas de visites!... Pas de belles dames qui excitent ou accaparent l'attention de mon fringant seigneur et maître!

Moi seule, pour lui. Aussi Dieu sait—et Il ne m'en tiendra certes pas rigueur!—quelle débauche de coquetterie pour lui paraître aussi séduisante que si mon bonheur dépendait de ces fragiles succès. J'en arrive à être ravie de la flatteuse admiration de ses camarades qui me traitent en souveraine; car je me trouve être ici unique en mon espèce.

En dehors de quelques heures de service, Max est libre. Alors, selon notre fantaisie, ou bien nous demeurons dans notre humble chambre, ou nous allons vagabonder à travers les sentiers qui embaument le printemps. Nous gagnons la mer très proche; ou encore, juchés sur nos bicyclettes, nous filons, ivres de grand air, sur la route allongée entre les marais salants dont la senteur imprègne la brise.

Les soirs de brume ou de pluie, nous lisons à la clarté de notre lampe, quand nous ne causons pas intarissablement; lui, comme moi, avide des plus petits détails qu'ont enfermés les horribles jours de notre séparation. Souvent nos questions se heurtent, pareilles à des voyageuses, lancées par une hâte fiévreuse.

Maintenant, moralement, nous nous sommes repris; car, chose que je n'avais pas prévue, les derniers mois, tout autrement remplis que ceux d'autrefois, nous ont fait des âmes nouvelles, qui, pour chacun de nous, étaient une inconnue.

Plus encore que Max, j'ai changé, je crois. La terrible secousse m'a arrachée à l'enchantement dans lequel je vivais. On dirait que s'est déchiré un voile éblouissant qui me cachait la réalité.

Mais lui non plus, Max, n'est plus tout à fait le même. Lui aussi a éprouvé le tragique réveil. Tout d'abord, il m'a semblé *mûri*, à ce point que, moralement, je ne le retrouvais plus; de même que j'avais pu ne pas le reconnaître, avec son visage de misère. Et puis, à la lumière de notre amour, comme nous nous sommes bien rapprochés! redevenus «des deux gosses qui s'adorent», comme disait père, tendrement moqueur.

Pour un instant, nous sommes si heureux que je puis oublier combien ces jours bénis sont fugitifs... Je puis oublier que, bientôt, Max me sera repris, rejeté dans l'effroyable tempête... Je puis oublier qu'en ce moment il y a de jeunes hommes pareils à lui qui vivent sous l'incessante menace du danger... qui tombent frappés... Que des femmes subissent le tourment que j'ai connu, que je vais retrouver... Que l'horrible guerre crache toujours ses obus...

Vraiment, il me faut la volonté de me souvenir pour que je le croie, quand nous sommes, le soir, dans notre jardinet, à contempler la nuit criblée d'étoiles. Moi, serrée contre lui, comme la nuit pour dormir; sur son épaule, ma tête qu'il soulève avec une impérieuse douceur, afin que nos lèvres se touchent...

. . . .

Et puis, tout à coup, était arrivé l'ordre du départ. Alors bravement, sans une plainte, elle avait accepté l'inévitable.

Pour un an encore, il devait lui être laissé. Et l'automne revenu, elle avait accompli l'audacieuse équipée de l'aller voir, en dépit des impitoyables interdictions. Mais il y avait tant de mois qu'ils étaient de nouveau séparés, qu'elle était prête à tout risquer pour le retrouver un instant.

Le 3 octobre, elle avait raconté:

«Ce matin une lettre bizarre, tellement incompréhensible, au premier abord, que mes yeux se sont instinctivement reportés sur l'adresse, pour voir si la missive m'était bien adressée:

«MA CHERE COUSINE,

«Voilà déjà quelque temps que notre grand'mère est décédée; et il n'est pas trop tôt pour que nous arrêtions les affaires de sa succession. Pourriez-vous venir jusqu'à X... (ici, le nom du village que je dois taire scrupuleusement), pour arranger toutes les questions avec le notaire, la semaine prochaine? Si oui, je vous attends jeudi. Envoyez-moi réponse. Je vous adresse toutes mes amitiés.

«Votre cousine,

«CHARLOTTE PLICHON.»

Nom inconnu. Cousine inconnue. Aucune grand'mère décédée. Alors?... Alors, après la première minute de surprise, j'ai compris. Cette lettre est due à des combinaisons machiavéliques de Max pour que j'aille le trouver dans la zone prohibée. Avant de répondre à ma mystérieuse cousine, j'ai communiqué sa lettre à Max. J'avais bien deviné. Il en est l'instigateur. Un de ses camarades est marié à X... Sa femme y est née, y habite et jouit d'un sauf-conduit pour aller, autant qu'elle en a besoin, à la grande ville proche de X... J'en tais également le nom. Ce sauf-conduit, elle veut bien me le prêter. Il me sera apporté à... où je dois me trouver jeudi, à trois heures, chez une autre cousine également inconnue, Mlle Duval. Là, toutes les instructions nécessaires me seront données par un émissaire très sûr.

Est-ce que je rêve?... Je le croirais si les lettres n'étaient là, devant moi. En silence, le cœur palpitant de bonheur, je fais mes préparatifs pour cette fugue merveilleuse.

Mon Dieu! pourvu qu'elle puisse s'accomplir!... Ce serait si beau que je n'ose espérer la voir réalisée!

8 octobre.

Et elle s'est accomplie... Déjà, elle est finie. Et pour la revivre, je veux en noter tous les détails. Plus tard, avec Max, ce sera amusant de les relire!

. . . .

C'était seule qu'elle les relisait, dans le chemin de croix qu'elle voulait refaire, en cette soirée, pour se rapprocher de l'éternel absent.

Le cœur déchiré, elle lisait la fin de ce cahier dont il était l'âme. Ceux qu'elle avait écrits après sa disparition, ceux qui racontaient cette disparition, elle ne les ouvrait jamais. Ce serait pour plus tard, quand les enfants voudraient tout savoir du père que le pays leur avait pris.

Et elle lut encore:

Donc, jeudi matin, sous des rafales de pluie et de vent, je suis partie radieuse, après avoir confié Jean à sa grand'mère; et ma personne ornée de mon mieux, en ma tenue de voyageuse, pour satisfaire le goût difficile de mon cher seigneur.

Je suis arrivée à... vers midi. Pour occuper mon attente, je me suis engouffrée dans le Buffet, à cette fin de déjeuner. Mais, que dans cette ville de militaires il est donc difficile à une pauvre petite femme isolée de passer son chemin inaperçue! Prudemment, je me suis mise sous la protection de la dame du Buffet, en m'asseyant à une table près d'elle. Malgré la cuirasse de gravité, étroitement endossée, je voyais converger vers moi des regards français, américains, canadiens, australiens, voire même hindous...

Grâce, je veux l'espérer, à mon air digne, j'ai pu vite dévorer sans encombre ma pitance; et pour attendre l'heure du rendez-vous, je m'en suis allée arpenter, entre deux averses, la ville fourmillante d'uniformes dont les propriétaires ne se montraient que trop disposés à emboîter le pas derrière la promeneuse solitaire. Faut-il qu'ils soient privés de femmes, les pauvres!

Enfin! ma montre m'a annoncé que l'heure était venue d'aller chez ma première cousine, Mlle Céline Duval. Je me suis fait indiquer la rue par un boucher respectable. Et à trois heures juste, je pénétrais dans un humble magasin de modes, au fond duquel travaillait une grosse dame, à face rubiconde et souriante.

Elle s'est élancée, me prenant pour une cliente. Je me suis nommée. Alors, le rose de ses joues s'est accentué tandis qu'elle s'exclamait:

—Bien, madame!... Bien, madame! M. le Major est déjà là qui vous attend dans la salle à manger.

Avec empressement, elle ouvrait la porte, et je me suis trouvée face à face avec un camarade de Max, le docteur Arnoud.

—Comment, vous, docteur?

—Madame, je viens vous chercher pour vous introduire dans la place, sans aventure, j'espère. Mais je vous avertis que nous risquons un jeu périlleux.

Il en a l'air si ému que je le considère, saisie, un peu inquiète pour le succès de mon équipée, quoique je le sache très timide, de son naturel; ce qui, jadis, lui faisait faire bien des bévues dont nous nous amusions, Max et moi, comme des enfants. Et je dis, sans conviction d'ailleurs:

—Docteur, je ne voudrais pas vous attirer d'ennuis...

Heureusement il est résolu, autant qu'il peut l'être:

—Madame, nous allons faire de notre mieux pour qu'il n'arrive rien ni à vous, ni à Noris, ni à moi-même! Donc, écoutez-moi bien. Voici le sauf-conduit de Mme Plichon. Et maintenant, souvenez-vous toujours que vous n'êtes plus que Mme Charlotte Plichon, couturière à X... Ce sauf-conduit, vous aurez à le montrer au gendarme qui, à l'arrivée du train, examinera le laissez-passer. Mme Plichon est de votre taille, les silhouettes se ressemblent; la gare est à peine éclairée. Si vous voulez bien mettre un voile épais, tout ira, je pense. Seulement, nous ne voyagerons pas ensemble pour éviter toute indiscrétion. Je me mettrai dans le compartiment voisin du vôtre, ainsi vous ne vous sentirez pas seule.

Je hausse les épaules. De quoi pourrais-je bien avoir peur, si ce n'est de ne pas arriver jusqu'à Max!

Et combien sincère, je réponds:

—Ne vous préoccupez pas de moi, docteur. Faites ce qui doit être. Et je m'arrangerai toujours.

Il a l'air tout réconforté par mon assurance et m'explique:

—Nous prenons le train à cinq heures et demie seulement; car il est plus prudent d'arriver à la nuit. Voulez-vous que nous nous promenions dans...?

—Docteur, depuis le déjeuner je me promène. Mais voici l'heure du thé. Ne pourrions-nous aller goûter quelque part?

Il reprend sa mine craintive:

—Oh! certainement, madame, si vous ne redoutez pas les sociétés toutes masculines. Il y a tant d'hommes ici, en ce moment!

—Eh bien! docteur, vous m'escorterez, car vraiment, les officiers de... m'ont l'air d'être sevrés de femmes depuis bien longtemps!

Le docteur rougit comme s'il était en cause, et interroge, inquiet:

—Vous avez eu des ennuis, madame?

—Mais non, mais non, docteur. Pas du tout. N'ayez aucune crainte à mon endroit et emmenez-moi vite boire du thé bien chaud.

Je crois qu'il avait fort peu envie de m'emmener, car il est l'homme correct par excellence, et ses camarades le savent célibataire.

Je pense cela maintenant. Mais alors aucune idée de ce genre ne m'effleurait même la cervelle... Et après de chauds adieux à ma cousine Céline Duval, j'ai suivi le major résigné dans une bonne pâtisserie qui regorgeait de chalands militaires, installés à toutes les tables, Anglais et Américains surtout.

Un grand Anglais, blond et rose, m'a poliment cédé la sienne et est allé se camper auprès de camarades.

Alors, le petit major et moi, nous nous sommes mis à bavarder, tout en dégustant thé et rôties. Il avait pris son parti de l'aventure. Mais tout de même, c'est avec empressement qu'il m'a tout à coup déclaré:

—Madame, il est l'heure de nous rendre à la gare.

Il m'a installée dans mon wagon, s'est engouffré dans un compartiment voisin du mien, et nous sommes partis.

Une demi-heure seulement de trajet. A mesure que le moment de l'arrivée approche, je sens mon cœur battre plus fort... et vite, vite!... Si toutes nos combinaisons allaient échouer! Moi, j'en serais quitte pour être renvoyée à Paris... Mais Max, Plichon, le docteur! Et ma cousine Charlotte expulsée de X... J'ai le cerveau en fièvre. Un sursaut me secoue toute quand le train s'arrêtant, j'entends l'employé crier:

—X..., X...

Je saute du wagon. Il fait très noir, heureusement. Une averse rageuse noie la campagne. J'entrevois dans la nuit la silhouette étriquée du major. Il me fait un signe discret; et, à sa suite, je me dirige, avec les rares voyageurs, vers la sortie où se dresse le cerbère dont les yeux inquisiteurs surveillent les arrivants et inspectent leurs papiers... Ah! que j'ai peur!

Le docteur a passé décochant au gendarme un bonsoir familier. C'est à moi. Je tends le sauf-conduit de Charlotte Plichon. Sous la clarté falote de sa lanterne, il regarde et essaie de lire.

—Ah! c'est vous, madame Plichon?... Encore sur la route? Il faisait bon à...?

—Il faisait très humide. Je suis glacée.

—Ma foi, vous en avez l'air... Vous n'avez plus de voix. Gare au rhume!

—Aussi, je rentre vite! Bonsoir.

Il n'insiste pas.

—Oui, bien le bonsoir, madame Plichon.

Et je passe vite, haletante. Je m'enfonce dans l'ombre.

Le docteur m'attend.

—Tout a bien marché?... Ouf!... Maintenant filons au logis!... La voiture est là. Montez.

La voiture! Une carriole coiffée d'une bâche. Je me glisse sous la toile et mon équipage cahotant déambule sur la route boueuse que les obus ont labourée.

Une dizaine de minutes qui me paraissent interminables. Puis nous arrivons devant une maison basse. Une grand'porte est ouverte sur une cour, au fond de laquelle je vois luire des fenêtres faiblement éclairées. Une silhouette de femme apparaît sur le seuil, au bruit des roues, et une voix qui a, très prononcé, l'accent du terroir, jette:

—C'est-y vous, docteur?

—Oui, nous voici sains et saufs.

Et, aussitôt, une autre voix qui me fait tressaillir, celle-là, crie:

—Mireille, tu es là?

C'est lui! mon aimé. Je distingue sa haute taille. Et puis, je ne vois plus rien car j'ai sauté à terre; et je suis enveloppée de ses bras, ma tête contre sa poitrine, les joues rougies par le drap rude de sa capote, le cœur en fête, le cerveau envahi par cette unique pensée:

—Je suis près de lui... Enfin!... C'est vrai! bien vrai!

Sur mon visage, dans la nuit, je sens la caresse éperdue de sa bouche... Cette minute est tellement exquise que je voudrais qu'elle ne finît pas... Mais, au contraire, elle est bien brève! Du moins, elle me paraît ainsi. La vraie Mme Plichon avance; et Max, m'écartant un peu, ma main gardée dans la sienne, prononce joyeusement:

—Madame Plichon, je vous présente ma femme.

—Entrez vite, madame. Il pleut si fort... Vous devez avoir bien froid!

Je proteste et j'entre dans une grande cuisine, où, sous la lampe, reluisent des cuivres, où brûle le feu d'un grand fourneau sur lequel cuit le repas. La table est mise.

Je vois mieux alors «ma cousine». Elle est, en effet, mince et brune comme moi. Dans l'ombre, le gendarme a pu nous confondre. Elle paraît très intimidée et devient plus confuse encore quand je la remercie avec effusion, l'appelant «ma cousine». Max nous interrompt. Discrètement le petit major s'est éclipsé, après lui avoir serré la main, sans que j'aie le loisir de lui dire ma reconnaissance.

—Allons, vite, dînons, voulez-vous, madame Plichon? Il faut que je retourne ce soir au cantonnement.

—Oh! Max! tu me quittes déjà?

—Mon cher amour, voudrais-tu que je sois déclaré déserteur?... Sois tranquille. Nous nous retrouverons demain matin pour toute la journée. Avec Plichon, nous faisons une vraie folie. Nous vous enlevons toutes les deux; et, cachées sous une personnalité de dames, à nous étrangères, vous viendrez déjeuner et dîner à l'hôtel où nous sommes installés, lui et moi. Seulement, vous serez bien prudentes et vous ne trahirez en rien votre identité.

—Mais alors je te verrai très mal!

—Non, chérie, parce que, en dehors du repas, nous serons en tête à tête dans ma chambre; ou dans la campagne si tu n'as pas peur de la boue et des gendarmes. Et puis, si on nous rencontre, puisque l'autorité immorale m'interdit de recevoir ma femme, tu passeras pour ma petite amante. Viens voir la chambre où tu vas coucher, où j'espère bien, demain, nous coucherons tous les deux, madame. Voulez-vous, madame Plichon, être assez aimable pour conduire ma femme à la chambre que vous avez la bonté de lui offrir?

Ma cousine Charlotte abandonne le fourneau où elle surveillait ses casseroles qui embaument et s'avance, les joues en feu.

—Tout de suite, monsieur Noris. Si Madame veut bien venir.

Guidés par la jeune femme, nous montons, Max et moi, au premier étage où ma cousine nous ouvre une pièce qui, instantanément, ressuscite la vision de notre chambre de Bretagne. C'est le même vaste lit aux rideaux de cretonne blanche, la lourde commode de noyer, la même table étroite sur laquelle s'alignent de minuscules objets de toilette; au milieu de la commode, sous un globe, la couronne de mariée.

Mme Plichon me dit timidement:

—J'espère, madame, que vous ne serez pas trop mal. Le lit est bon. Malheureusement, la pièce n'a pas de cheminée. Pour ce soir, je vous mettrai une boule dans votre lit. Et puis, je vous donnerai une lampe; car la bougie ne vous éclairerait peut-être pas assez.

Je remercie; et avec une effusion dont elle ne peut savoir la sincérité. L'éclairage de la bougie éveille pour moi des impressions funèbres...

Ma cousine Charlotte finit gentiment:

—Je regrette bien, madame, de ne pouvoir vous offrir rien de mieux.

—Mais je serai très bien. Ne vous inquiétez pas de la question cheminée. Il ne fait pas encore bien froid. Je me coucherai vite et je retrouverai la boule bienfaisante au fond de mon lit.

—Allons, c'est parfait, approuve Max. Madame Plichon, dès que votre dîner sera servi, appelez-nous!

Je ris en moi-même de cette façon discrète d'engager notre hôtesse à nous abandonner. Docile, elle obéit à l'invite de Max. Et enfin, enfin!!! nous sommes seuls!... C'est la minute merveilleuse...

Le sentiment de notre réunion, de la présence réelle, est si fort, que nous ne pensons même pas à parler. Notre amour veut, le premier, sa part. Notre cerveau aura la sienne ensuite. Ma tête est sur son épaule...

Ah! que ces minutes ont été divines! Et puis, tout à coup, au milieu de l'enchantement, résonne la voix de «ma cousine», avec son terrible accent:

—La soupe est sur la table. S'il vous plaît, madame et monsieur Noris, voulez-vous descendre?

Nous tressautons, Max et moi; et nous nous regardons avec des mines effarées et déconfites qui, en même temps, nous font éclater de rire. Alors nous regagnons la grande cuisine où brille une propreté toute flamande, où règne une bienfaisante chaleur.

Le lieutenant Plichon vient d'arriver à bicyclette, pour dîner. Sa femme, qui ne l'attendait pas, est radieuse. Il y a là, aussi, sa vieille mère, une mince paysanne, proprette et ronde, aux joues de pomme d'api, qui m'accueille maternellement en m'embrassant, et me présente le rejeton du jeune ménage, un garçonnet joufflu, contemporain de Jean.

Je distribue les *douceurs*, souvenirs, jouets que j'ai apportés. Le lieutenant se confond en remerciements; les femmes sont ravies, mais leurs yeux surtout le disent; et, joyeux, nous nous mettons à table, près du fourneau où crépite un brasier superbe.

Ah! qu'elle me paraît délicieuse cette réunion, dans cet humble milieu où nos cœurs sont si fraternellement unis!... Charlotte Plichon n'est qu'une humble couturière de village, mais comme je la sens ma sœur par son amour pour son mari et sa vie angoissée depuis que la guerre le lui a pris. Et puis, elle est bonne. Pour nous bien accueillir, Max et moi, elle a mis tous ses soins, sorti ce qu'elle possède de plus beau,—vaisselle et linge,—préparé les plats que, dit-elle naïvement, elle réussit le mieux.

Et quelle causerie gaie s'établit, toute vibrante des récits de nos deux lieutenants que ravit l'impression retrouvée du *home*. Je ne sais plus bien si je rêve ou non tant je me trouve dépaysée; mais le rêve est si bon que je m'y livre toute.

Insatiable, je contemple Max.

Ah! qu'il ne ressemble plus au vagabond dont la mine de misère m'a fait sangloter dans la gare de Nantes! Il est robuste, à la façon d'un jeune chêne, ses traits fins se sont accentués dans le hâle de la peau. Il a un air de force, de santé, d'énergie qui me fait tressaillir d'orgueil. Ce n'est plus le beau conducteur de cotillons, mais un vrai soldat.

Aussitôt le repas fini, nos maris ont dû repartir; et j'ai été dormir dans la chambre blanche, où seul était chaud le grand lit qui m'enfouissait dans la plume.

Le lendemain matin, il m'a semblé très comique de me débrouiller sans femme de chambre, de faire mes bottines, mon lit, car je voulais donner à «ma cousine» le moins d'embarras possible. A peine étais-je à peu près habillée, vers les neuf heures, qu'un coup a heurté ma porte:

—Eh bien! chérie, es-tu prête à partir?

C'est lui, Max! Avec son air flirt, son regard caressant, sa bouche amoureuse. Et les minutes délicieuses recommencent. Il est d'une gaieté folle: si tendre, qu'il m'empêche de finir ma toilette, quoi-qu'il me répète comme un refrain:

—Dépêche-toi! mon amour. La voiture est en bas. Charlotte Plichon t'attend.

Je proteste:

—Mais, Max, c'est toi qui me retardes!

—Mon trésor, dépêche-toi tout de même! Mais comment peux-tu me demander de rester sage, campé sur ma chaise, quand tu es là devant moi, ma précieuse petite femme, et qu'il y a tant de mois que je ne t'ai vue!

C'est vrai ce qu'il dit là, mon bien-aimé. Et comme je le comprends! Aussi nous descendons assez en retard.

Le lieutenant Plichon fume près de la carriole. Charlotte range de droite et de gauche. Enfin nous partons, après que nos hommes nous ont blotties, pareilles à des paquets, au fond de la bâche qui recouvre notre véhicule. Eux, tout en avant, élargissent leurs pèlerines de façon à bien nous dissimuler, nous autres, pauvres intruses, dont les gendarmes ne doivent pas soupçonner la présence. Dès que nos compagnons perçoivent leur ombre, ils nous font rentrer le bout de nez que nous aventurons hors des couvertures, pour respirer l'air humide; apercevoir le triste paysage d'automne, la route déchirée par les projectiles et le sillon des roues, la route où cheminent des *poilus* boueux, à la démarche allègre ou lasse. Invariablement, les gendarmes arrêtent, en conscience, notre carriole, mais ils ne demandent pas à l'inspecter, tranquillisés par les galons qu'ils voient à nos «guerriers».

Et ainsi, sans fâcheuse aventure, nous gagnons la toute petite ville où, depuis deux mois, vit Max.

Le patron de l'hôtel est de connivence avec lui, et nous pénétrons triomphalement dans la place; toujours au fond de notre carriole, où nous commençons à être ankylosées.

Mais, dans la cour, on nous décharge loin de tous les yeux, gelées et ravies. Voici alors une autre comédie qui commence. Nous ne devons pas avoir l'air de connaître nos maris; et comme des voyageuses quelconques, nous prenons place en face de Max et du lieutenant Plichon exultants,—leurs yeux nous le révèlent!—mais qui gardent toute l'impassibilité nécessaire.

Quoique ce déjeuner soit pour moi—séparée de Max—du bien perdu, tout de même, il est très amusant.

Et ensuite, j'ai de si bonnes heures dans la chambre de Max, d'où nous nous échappons à la nuit venant, car je veux connaître un peu la ville qui est sienne, en ce moment. On le regarde. On me prend, à l'occasion, le diable sait pour qui... Que m'importe?... Et tant pis pour sa réputation d'homme marié. Nous n'avons pas le choix.

Si, seulement, les minutes ne fuyaient pas avec cette terrible rapidité!... Tant de choses, nous avons encore à nous dire! C'est dans la fièvre maintenant que nous nous parlons, hantés par le sentiment de la brièveté des moments qui nous sont encore accordés. A mesure que cette inoubliable journée avance, je sens tomber sur moi une tristesse affreuse. Encore quelques heures, et puis, il faudra repartir, reprendre la vie de solitude et de mortelle inquiétude...

Max me devine, peut-être parce que j'ai cessé de causer, et me serre contre lui dans les rues désertes où la nuit règne victorieusement.

Il me murmure:

—Mireille, ne sois pas triste tandis que nous sommes ensemble! Fais comme moi. Jouis du bonheur présent. Nous avons encore une bonne fin de journée... Et puis, notre nuit!

J'ai un cri:

—Tu peux rester?... Tu restes?

Il se met à rire.

—Mon ordonnance me croira *en bombe*. Mais foin de ma réputation! Mon trésor, dans la suite des temps, peut-être, tu entendras dire pis que pendre sur le mari que je suis. Mais vous ne vous en fâcherez pas, madame, puisque vous connaissez ma compagne. Ma Mireille, vivons dans le présent.

Il avait raison. J'ai tendu ma volonté; et nos dernières heures ont été un rêve dont le souvenir demeure brûlant au plus profond de mon cœur, pour le réchauffer.

A quoi bon l'écrire?... Est-ce que j'oublierai jamais un détail de notre retour, la nuit, sans crainte des gendarmes devenus rares... Et le dîner dans la belle cuisine avec la grand'mère à laquelle il faut tout raconter. Maurice Plichon est reparti. Mais Max est là. Il monte avec moi dans la chambre blanche d'où le lendemain, par une aube grise, il me faut le laisser repartir... D'où je sors, moi-même, deux heures plus tard, enveloppant la pièce du regard dont on salue les lieux chers qu'on ne reverra plus. Que de fois, mon Dieu, mon souvenir y reviendra, retrouvera le fauteuil où Max m'attirait sur ses genoux, la glace verdissante qui reflétait nos deux visages où luisaient nos regards d'amour; le grand lit où la plume s'enfonçait sous la forme de nos corps rapprochés.

Et maintenant... Maintenant, il faut être brave et recommencer à suivre la douloureuse voie du calvaire...

. . . .

Ce calvaire, elle l'avait gravi jusqu'au sommet, quelques mois plus tard; après qu'une dernière fois elle avait revu Max, venu en permission.

Mais que ces jours de permission—dont elle jouissait surtout à l'avance...—ne valaient pas leurs réunions quand elle allait à lui... Car, dès que Max retrouvait Paris, la vie mondaine le ressaisissait. Et il se laissait reprendre avec un plaisir si évident que, généreuse, elle taisait la déception qui s'abattait sur elle, en voyant combien il lui échappait.

Le 14 décembre, elle avait écrit:

Depuis hier, il est ici. Et que je l'ai donc mal vu! Presque toujours entre nous, un tiers, sinon plusieurs; Jean hypnotisé par son admiration pour son père; la famille, les amis, les camarades, les fournisseurs. Que sais-je encore?

A sa mère seule je reconnais,—un peu,—comme à moi, le droit d'éprouver le besoin jaloux qui me dévore, de la solitude avec lui.

Elle, du moins, est exquisement discrète et ne me le prend pas. Hier, après avoir causé environ un quart d'heure avec lui qui venait d'arriver *chez nous*—je les avais laissés seuls sous couleur d'ôter mon chapeau...—elle m'a dit, quand je suis rentrée dans la pièce:

—J'ai embrassé mon grand. Je te le laisse. Vous avez bien gagné votre tête-à-tête, mes pauvres enfants.

Je lui ai jeté mes bras autour du cou, avec le cri de mon cœur:

—Mère, vous avez une âme incomparable! Je vous promets de vous envoyer Max tantôt, avant le dîner, pour que vous l'ayez un peu à vous toute seule. En ce moment, c'est vrai, j'ai le désir irrésistible de posséder un moment l'illusion que le passé est revenu. Vous comprenez, n'est-ce pas, mère?

—Oui... je comprends... Et je suis très heureuse que tu sois une si tendre épouse pour mon fils.

Cette femme est délicieuse. Comme nous nous rencontrons quand il s'agit d'aimer Max! Toutes deux, nous voudrions l'adorer dans un sanctuaire fermé à la foule.

Mais lui, hélas! en jugerait sans doute le séjour peu gai. Il paraît si enchanté de retrouver son Paris, l'ombre de notre vie de jadis. Et je cache la soif qui crie en moi, qu'il m'emporte loin d'ici, dans quelque trou perdu, où nous serions tout l'un à l'autre comme en Bretagne, comme dans le pays de ma *cousine* Charlotte...

Je mène l'existence qu'il souhaite, celle d'autrefois qu'il paraît avide de reprendre au point où il l'a laissée, sur laquelle il se jette avec un appétit d'affamé. De la guerre, pas un mot. Il lit les journaux, c'est tout. Je le suis où il veut, le contemplant avec une indulgence de mère qui oublie ses désirs pour jouir seulement de voir son enfant heureux. Et alors, j'ai l'impression de me sentir devenue tellement plus vieille que lui! Autrefois, nous étions, ce me semble, tout à fait à l'unisson, des enfants qui s'amusent éperdument!

Mais la tempête s'est abattue sur nous. Elle nous a pris, dans son souffle, meurtris à en être brisés, bouleversés de telle sorte qu'elle a fait de nous d'autres êtres. A moi, elle a creusé le cœur, d'effrayante façon. Pour le remplir, désormais, il faudrait tant!... Max, aussi, a dû changer. Mais il est évident que sa vie très active ne lui permettait pas les songeries qui, sans doute, ont contribué à me mystérieusement transformer.

Quand il arrive en permission, je sens qu'une scission se fait dans son cerveau entre les heures qu'il a données à son devoir de soldat—très généreusement—et le présent. Même, je ne puis obtenir qu'il me raconte ses impressions, les journées terribles qu'il a traversées. Et je n'ose insister, car il y a une sorte d'impatience fiévreuse dans sa manière de prier:

—Oh! ne parlons pas de cela! Laisse-moi pour quelques jours oublier le cauchemar!

C'est vrai. Il a raison. Il a besoin de se détacher un moment de sa rude existence pour puiser de nouvelles forces. Mais moi, je voudrais tellement mêler mon âme, ma vie, à son âme, à sa vie... Il m'est impossible de partager l'ardeur avec laquelle il se jette sur les distractions qui, jadis, remplissaient son existence.

Mon Dieu! mon Dieu! ne me transformez pas si *lui* ne doit pas changer!

Lundi.

Plus que quatre jours! Les autres ont fui aussi rapides qu'un torrent, dans un mouvement ininterrompu de réceptions, visites, dîners, soirées au théâtre.

Max m'avait déclaré qu'il voulait voir tout ce qui se jouait... Et nous avons tout vu; lui, enchanté; moi, ahurie un peu... Depuis tant de mois, je n'avais pas mis les pieds dans une salle de spectacle. Tantôt, *five o'clock* à grand orchestre chez maman qui, pour plaire à son gendre dont elle connaît les goûts, a convoqué le ban et l'arrière-ban le plus chic des amis agréables à voir pour lui.

Encore perdue, une de nos dernières journées! Ce soir, bien entendu, nous ressortons!...

Lundi, 7 heures.

Oh! l'étrange après-midi que je viens de passer! Il me semble échapper à un rêve mauvais où je me mouvais douloureusement et dont maintenant j'éprouve la délivrance.

Nous étions arrivés de bonne heure chez mère où, tout de suite, il y a eu foule. Les plus belles amies de Max étaient là et, parmi elles, il y avait Maud, pire que jolie;—une Maud de tenue très correcte, comme toujours chez mère, mais avec des yeux câlins et brûlants, une bouche affolante, une forme délicieusement souple, sous le satin enveloppant de sa robe.

Incontinent, Max s'est mis à tournoyer autour d'elle. Bien souvent, je l'ai vu ainsi voleter auprès d'une femme et, presque, je m'en amusais, le sachant bien à moi... Alors, pourquoi, aujourd'hui, est-ce que j'éprouvais, en les apercevant à tout instant l'un auprès de l'autre, une espèce d'angoisse, de minute en minute plus douloureuse?

Lui—je le connais si bien!...—se livrait, pieds et poings liés, à ce charme de Maud, grisant comme un parfum de tubéreuse. Et elle, avait pour lui de longs regards caressants, ardents ainsi qu'une flamme, qui n'avaient rien de moqueur comme souvent mais ressemblaient à un appel passionné auquel il ne résistait pas. Elle le regardait ainsi et il venait à elle. Ils échangeaient des mots que j'ignorais—comme j'ignore ce qui s'est passé entre eux, le soir de ce dîner qui demeure en moi, malgré moi, un pénible point d'interrogation, éternellement sans réponse, je suppose, puisque je ne veux pas interroger Max.

A aucun prix, si cruelle que me fût leur façon d'être, je ne me serais permis d'intervenir entre eux; et je remplissais bien mes devoirs de fille de la maison, de femme du héros de la fête... Vraiment, je crois que j'arrivais à dissimuler la stupide souffrance qui me tenaillait. Max m'échappait au point de me paraître un étranger; alors que, instinctivement, je guettais de lui le regard—même indifférent, mon Dieu!—qui ne venait pas, le mot tendre murmuré au passage.

Ah! quel faible cœur je possède, toujours misérablement affamé et aujourd'hui si difficile à rassasier!... Autrefois, étais-je donc moins exigeante?... Ou mon amour exaspéré par la séparation me rend—il jalouse?...

Je pense, je suis sûre, que personne ne se doutait de l'affreuse tristesse qui grandissait en moi. Personne, sauf peut-être le redoutable observateur qu'est le meilleur ami de mon frère, Patrice Guisane, le peintre et écrivain;—mon «ennemi intime», comme je l'appelle en plaisantant parce que son esprit ironique et pénétrant, la curiosité aiguë de ses yeux d'artiste m'irritent quand je sens son attention posée sur moi.

J'ai tellement l'intuition qu'il m'étudie comme une espèce de poupée vivante dont il se distrait à observer les rouages!

Et sa désinvolture—morale—à mon égard, m'exaspère; autant que le sentiment, qu'il nous juge, Max et moi, deux enfants qui l'amusent par leur puérilité, leur avidité gourmande pour le plaisir, des cervelles vides comme des têtes de pavot; en résumé, des quantités négligeables.

Cet après-midi, je le fuyais plus soigneusement encore que d'ordinaire, pour qu'il ne pût s'apercevoir, avec sa terrible clairvoyance, combien obscurément je souffrais des incessants apartés de Max et de Maud.

Tout à coup, après que j'avais constaté leur commune disparition et les croyais au buffet,—je venais d'entendre Maud demander une glace,—je les ai aperçus, par hasard, dans l'embrasure d'une fenêtre, presque entièrement cachés par un lourd rideau;—et si près... si près l'un de l'autre. On eût dit qu'elle allait se couler entre ses bras. Elle avait ses deux mains posées sur les épaules de Max comme si elle s'accrochait à lui, le visage levé vers celui de mon mari, bien plus grand qu'elle. Et elle lui parlait avec un tel éclair de passion, dans ses yeux brûlants attachés sur lui, qu'il m'a fallu vraiment ma stricte éducation de femme du monde pour rester à ma place et continuer à causer.

Mais j'avais dû—tout de même—changer de visage, car mon interlocuteur, le vieux comte de Bienne, je crois, m'a dit:

—Qu'avez-vous donc, chère madame? Vous trouvez-vous souffrante? Subitement, vous voilà devenue toute pâle!

Au hasard, j'ai murmuré:

—Un peu de fatigue... Ce n'est rien...

—Je vais appeler Max. Reposez-vous un instant, ma petite amie.

Le cri de tout mon être est monté à mes lèvres:

—Oui, c'est cela. Allez le chercher.

J'allais ajouter dans mon désarroi:

—Dites-lui qu'il vienne vite... que je me sens très lasse... que je rentre...

Mais je me suis tue d'instinct. Le laisser, moi absente, libre de subir l'affolante caresse du regard de Maud... est-ce que c'était possible?

Il fallait qu'il partît avec moi; et, sans hésiter, quand amené par mon vieil ami, après un instant long comme un siècle, il m'a demandé avec une inquiétude sincère:

—Qu'as-tu donc, chérie? Si tu allais un moment te reposer dans la chambre de ta mère?

J'ai secoué la tête; et comme un bébé, j'ai supplié:

—Max, cherchons un prétexte et rentrons vite chez nous.

Il m'a contemplée stupéfait:

—Mais, mon trésor, c'est impossible. Nous ne pouvons ainsi disparaître si tôt! Que dirait ta mère?... Et puis, j'ai encore à voir des amis, des camarades qui m'ont annoncé leur visite et vont sûrement venir...

—C'est vrai. Alors, restons.

Qu'y avait-il dans ma voix qui lui a mis aussitôt une question sur les lèvres:

—Mon chéri, qu'as-tu?

Tout de même, je ne pouvais pas lui avouer la vérité, et j'ai seulement murmuré:

—Max, je ne voudrais pas perdre un seul instant de ta présence. C'est dur de t'avoir si peu de temps et d'être obligée de te prêter aux autres!

De sa voix d'amant, il a répété, tout bas, pour moi seule:

—Mireille, ma Mireille, mon amour...

Si tendrement, qu'il m'a fallu un prodigieux effort de ma sagesse pour ne pas me jeter sur sa poitrine, en implorant:

—Partons ce soir, Max, demain, pour un endroit où nous serons seuls enfin! Autrefois, tu ne t'ennuyais jamais avec moi! Je t'en supplie, ne m'oublie pas pour une autre femme! N'en aime pas une autre comme moi!

Mais, tout haut, j'ai pu lui répondre, très correcte:

—C'est vrai, cher, tu as raison. Il faut attendre.

Et je suis restée. J'ai supporté le cilice qui me meurtrissait le cœur. J'ai vu Max continuer à flirter, s'amuser royalement; et je devinais—avec tant de peine—qu'il ne regrettait pas une seconde le futile emploi des heures fugitives qui nous sont accordées.

Mais, du moins, il était tellement accaparé qu'il ne pouvait plus s'isoler avec Maud. Et cela me soutenait. Je suis sûre qu'*elle* le regrettait. Je la connais si bien! Ses sourcils étaient un peu froncés. Avec la clairvoyance qui me dominait, hélas! je notais la fièvre de son regard qui, partout, suivait Max; le frémissement de ses lèvres, palpitantes comme celles d'un enfant qui va pleurer.

Pourquoi?... Oh! pourquoi?...

Et puis, soudain, je ne l'ai plus aperçue. Je suppose qu'elle avait préféré partir plutôt que de subir le supplice de voir si mal, Max, mon mari...

J'ai respiré mieux; et alors, j'ai remarqué qu'elle était disparue sans me dire adieu.

Mais quand, tout à l'heure, enfin! nous nous sommes retrouvés chez nous, Max et moi, dans notre chambre, je n'ai plus eu la force de me taire et j'ai avoué:

—Max, je t'en supplie, allons passer hors de Paris, où tu voudras, mais seuls, loin de tous ces indifférents, les deux derniers jours de ta permission... Je t'en conjure, mon mari chéri. Fais cela, pour moi!

J'avais caché ma tête sur son épaule. Hélas! je sentais comme si je l'avais vue, la surprise désorientée de son regard. Il caressait mes cheveux et s'est exclamé:

—Quelle fantaisie tu as là! mon petit. Nous sommes si bien ici! En cette saison, où veux-tu, grand Dieu! que nous allions!

Il eût bien mieux aimé rester à Paris. Je ne le comprenais que trop bien...

Mais j'étais au bout de mon dévouement et j'ai répété:

—Je t'en supplie, mon Max... Donne-moi ce bonheur! Pense que depuis ton arrivée, j'ai eu, si petite, ma part de ta présence! Et j'ai besoin, vois-tu, mon amour, de t'avoir un peu à moi toute... J'ai besoin qu'aucune présence étrangère ne nous distraie l'un de l'autre... Tu veux bien, dis?...

Ma conviction l'avait-elle enfin dominé? A-t-il été vaincu par la prière de ma voix où tremblait le désir de toute mon âme?... Après un imperceptible silence, il m'a dit:

—Oui, bien-aimée, nous ferons comme tu veux! Et demain, nous partons à la première heure, pour la propriété de mes beaux-parents, *La Commanderie*, près de Pont-de-l'Arche...

Jeudi.

Je les ai eus, les jours dont la soif me dévorait... Deux jours, où je l'ai retrouvé, tout à moi!... J'avais tellement peur qu'il ne s'ennuie loin de Paris, de ses amis, que j'ai été, je crois, une amoureuse telle qu'il n'avait jamais dû me voir; car il m'a répété plusieurs fois, avec un accent qui me bouleversait:

—Mireille, comment ai-je pu m'apercevoir qu'il existe au monde d'autres femmes que toi!...

Nos lèvres se sont rapprochées autant que je le pouvais souhaiter, il me semble. Mais nos cœurs, nos pensées, nos âmes se sont surtout *frôlées*, sans que la fusion ait été tout à fait ce que je rêve... Toujours, peut-être parce que je suis trop exigeante... Les êtres donnent ce qu'ils peuvent. Je ne puis faire que Max, avec sa nature d'homme, soit pareil à moi qui suis de la race des passionnées trop difficiles à assouvir...

Tout de même, nous nous sommes bien aimés, en ces dernières heures de permission...

. . . .

Oui, les dernières... Le mot était venu sous sa plume, pareil à un tragique pressentiment... Jamais plus, Max n'était revenu. Six semaines plus tard, il était tué.

Et le cœur broyé par cette résurrection du bonheur perdu, Mireille ferma le cahier. En elle, c'était un chaos douloureux. Si loin, elle venait d'être emportée de l'heure présente, que les yeux surpris, à travers les larmes qui voilaient ses prunelles, elle regardait autour d'elle, cherchant, dans sa détresse pourquoi elle était là, dans cette chambre étrangère.

La pendule de voyage marquait maintenant minuit et demi. Il n'y avait plus aucun bruit dans la villa. Par la fenêtre toujours large ouverte, s'épandaient l'air fraîchi et le lointain bruissement de la mer qui montait sur le sable, reflétant la lune argentée.

La lueur de la lampe errait sur le lit préparé pour la nuit où elle allait dormir, seule—comme toujours, désormais, elle dormirait. Tout près d'elle, embaumait la coupe d'œillets, placée devant le portrait de Max.

Sans un mouvement, Mireille se prit à contempler cette image qui était tout ce qui lui restait, avec les pages où vivait leur amour.

Et, de nouveau, l'horrible poids de la solitude s'appesantit sur elle. Ah! que c'était cruel de devoir se créer une existence d'amputée selon le cœur!...

Pourtant, il le fallait bien; apprendre à se prêter à tous, en n'espérant plus de joie, que celle qu'elle donnerait aux autres...

Vivre seulement pour ses enfants qui, devenus grands, la laisseraient pour suivre leur propre voie... Car les jeunes reçoivent, mais rarement ils donnent.

De toute sa volonté, elle acceptait qu'il en fût ainsi. Mais avec le regret de l'absent, elle gardait la soif nostalgique de la vie qu'elle avait connue par lui... Elle ne pouvait encore étouffer la révolte de sa jeunesse, soudain murée dans une tombe.

Et des sanglots désespérés la secouaient toute, tandis qu'elle cachait son visage dans l'oreiller, appelant tout bas: «Max!... O mon Max!»

DEUXIÈME PARTIE

JOURNAL DE MIREILLE

Ce qui est...

25 juillet.

EST-CE hier que j'ai passé une soirée dont, toute la nuit, dans mon sommeil même, le souvenir douloureux m'a hantée?

Ce matin, quand j'ai ouvert les yeux, j'ai aperçu par ma fenêtre entr'ouverte un soleil triomphant, un infini de ciel limpide, la floraison rose des massifs d'hortensias.

C'était vraiment une de ces journées qui, jadis, me grisaient et me jetaient aux lèvres ce cri d'allégresse:

—Ah! qu'il fait bon de vivre!

Jamais plus, sans doute, je ne dirai pareille chose. Mais pourtant, cette magnificence de l'été enivrait encore la Mireille vibrante qui existe toujours en moi, toute broyée que j'aie été...

Aussi pressée que Jean d'aller vagabonder, je me suis vite habillée et je l'ai emmené sur la falaise où, en dehors de la foule des baigneurs, je me suis grisée de la beauté des choses,—sans penser, ni me souvenir, ni souffrir...

Le mouvement des promeneurs autour de moi m'a heureusement rappelé que l'heure du déjeuner, à l'hôtel, approchait; et j'allais rentrer chez moi, presque gaie—oui, gaie!—pour faire remettre mon petit homme en tenue correcte, quand, traversant la place de l'église, juste devant l'hôtel, j'ai aperçu père qui causait avec un grand garçon, vêtu de drap horizon, dont la haute silhouette élégante m'a fait tressaillir. Aussitôt l'enchantement de la radieuse matinée s'est évanoui; car cette silhouette m'en rappelait une autre... Et j'ai voulu passer sans m'arrêter.

Maie Jean avait reconnu son grand-père, et, avant que je l'aie arrêté, sa menotte avait quitté ma main; il avait bondi vers les deux causeurs, criant de sa petite voix claire:

—Bonjour, grand-père, c'est nous!

Les deux hommes se retournent. Père m'arrête d'un appel:

—Mireille! Mireille!... Eh bien! c'est ainsi que tu te sauves, sans dire bonjour à ton vieux papa?

—Père, je vous ferai remarquer que je vous ai déjà vu ce matin.

Je dis cela machinalement, car un choc m'a secouée. L'officier qui cause avec père, c'est Patrice Guisane, l'ami de Bernard... Pas le mien! Ni celui de Max, qui, d'ailleurs, se souciait assez peu, lui, homme de finance, de l'opinion, sur son compte, de cet artiste que nous nous imaginions, peut-être à tort, animé, à notre endroit, d'un dédain discret et ironique. Pour nous venger, ainsi que des enfants,—ce que vraiment nous étions!—nous l'avions surnommé «Fromentin»; parce que non seulement il était déjà un peintre remarquable, mais qu'il avait un nom, comme écrivain.

Ah! Max chéri, que nous étions donc jeunes et stupides!

La vérité, je la vois maintenant, c'est qu'il m'intimidait. Sa supériorité écrasait mon insignifiance et me rendait avec lui hautaine, d'une indifférence presque agressive; tout juste polie quelquefois, prétendait Max qui s'amusait de mon animosité.

Depuis la guerre, jamais les circonstances ne nous avaient mis en présence. A sa vue, tout le passé me remonte tumultueusement au cœur et au cerveau... Une fois de plus, je sens la morsure du «jamais plus».

Un recul instinctif fait tressaillir ma sensibilité toujours à vif, quand je vois venir à moi son regard pénétrant qui n'a rien d'ironique, comme jadis. J'y aperçois seulement une sympathie compatissante.

Il s'est incliné, sans me tendre la main puisque je n'avais pas eu, vers lui, ce geste de bienvenue. Père a l'air ravi de l'avoir rencontré et s'exclame gaiement:

—Ce n'est pas la peine, Mireille, que je te présente ce garçon, une vieille connaissance que tu n'as sûrement pas oubliée et que tu dois retrouver malgré sa mine de blessé!

—Dites d'ex-blessé! Madame, je suis très heureux de vous présenter mes hommages.

Ah! cette voix! Comme elle remue la cendre qui recouvre mon cher passé. Pourquoi... Oh! pourquoi la destinée a-t-elle remis cet homme sur mon chemin, pour me rappeler tant de choses!

Je demande, la pensée absente, retournée vers ce qui fut:

—Vous êtes ici depuis longtemps?

—Mais non!... Depuis ce matin seulement. Il m'a fallu déambuler de droite et de gauche pour me découvrir un gîte... Ce pays est, d'une façon déplorable, la proie des baigneurs!

—Et vous avez trouvé? questionne père, amusé.

—Oui, enfin, tout à l'heure... Vous savez, le prestige de l'uniforme est très puissant!

—Alors, vous restez quelque temps ici?

Au fond de mon cœur, une anxiété frémit. Qu'il m'est donc pénible de revoir Patrice Guisane!

—Oui, quelque temps. J'y suis en congé de convalescence.

—C'est vrai... Vous avez été blessé.

—J'ai fait la désagréable connaissance des gaz asphyxiants, agrémentés par des éclats d'obus; ce qui m'a valu près de trois mois d'hôpital. Mais ne parlons plus de cela, c'est un temps à oublier!

Père le contemple.

—Vous n'avez pas encore une brillante mine, mon ami.

—Bah! la bonne brise de mer va faire son office... Et aussi, pour achever ma résurrection, il y a la douceur d'avoir quelques jours de liberté pour reprendre mes pinceaux et les garder aussi longuement que je le souhaiterai. Cette seule perspective aurait, je crois, suffi à me rendre mes forces. Je suis presque honteux de penser que je vais avoir cette halte quand les camarades continuent la dure vie.

—Cette halte, vous l'avez bien gagnée, Guisane!

—Pas plus que les autres! D'ailleurs, aussi vite que possible, j'irai les rejoindre. Je serais déjà reparti si le médecin-chef n'avait décrété qu'il fallait un peu d'air de mer à mes poumons et que ma blessure du genou n'était pas encore suffisamment cicatrisée. Pourtant, je ne boite pour ainsi dire plus.

Père m'explique:

—Un obus l'a saupoudré de dix-huit éclats, plus ou moins malfaisants, pendant qu'il s'exposait comme un gamin téméraire!

—Dites, comme tous les combattants, jeunes et vieux. Madame, ne croyez pas M. votre père, que l'amitié fait voir trouble. Ce qu'il y a eu de plus désagréable dans mon affaire, ce sont les mois d'hôpital! Quelle odieuse perte de temps! Enfin, comme je me le répète quand je me prends à enrager encore de ces mois inutiles, c'est le passé. Maintenant, je n'ai plus qu'à me remettre à marcher de l'avant!

Il dit cela très simplement, avec une vivacité gaie, cette insouciance audacieuse que je voyais à Max. Et, en l'écoutant, j'ai l'impression que le dilettante sceptique qui m'irritait en lui, a dû subir, lui aussi, la grande leçon qui crée des âmes neuves. Sûrement, il n'est plus le même;—le même tout à fait, du moins. Il a dû changer moralement, comme physiquement.

Il a, bien qu'il ait maigri, que son visage se soit creusé, un air de force mâle qu'il n'avait pas; un je ne sais quoi de résolu, d'énergique qui donne la sensation que cet homme de lettres est devenu un homme d'action.

Ses yeux d'artiste et d'écrivain ont sûrement vu des spectacles dont ils gardent une ineffaçable empreinte. Et, tout ensemble, je voudrais le fuir et l'interroger sur cette guerre qu'il a vécue comme Max et dont tous les détails, à cause de cela, me sont précieux. Mais je dis seulement, en interrogation banale:

—Vous avez un long congé?

—Deux mois. Je me fais une fête—puisque, hélas! je n'ai pas de proche famille—de les passer dans ce pays qui m'avait laissé un charmant souvenir et où j'espère pouvoir faire une bonne moisson d'études. Je pense que je n'aurai pas de désillusion.

Père se met à rire:

—Vous m'en avez l'air aussi féru que Mireille!

—Vous, pas?

—Moi... oh! moi!... les arbres... les landes... Je suis un profane, étant citadin dans l'âme. Pour me réjouir, il faut toujours Paris, la grand'ville. Mais je dois bien faire quelque chose pour la satisfaction de cette enfant qui désirait une plage tranquille pour elle et ses poussins.

—Oui, je comprends...

De nouveau, je sens sur moi le même regard de sympathie profonde que je n'avais jamais vu dans les yeux de Patrice Guisane.

Que c'est triste de penser que, seulement parce que Max n'est plus là, il cesse de me contempler comme un jouet...

Et, avec une intensité plus aiguë encore, j'éprouve le besoin de le fuir... Oh! si ce pouvait être pour toujours!

J'appelle:

—Jean, sauvons-nous. Il faut que Kate te remette en état pour le déjeuner. Nous allons être en retard! A tout à l'heure, père. Au revoir, capitaine. Est-ce que vous êtes aussi un hôte du *Kelenn*?

—Pour les repas seulement, madame. Je campe dans le pays.

—Alors... au revoir.

—Au revoir, madame.

Et je m'éloigne avec mon petit qui gambade, sa main enfermée dans la mienne.

Nous traversons la place ensoleillée. La demie d'onze heures sonne. Des groupes sont arrêtés et causent à l'ombre de l'église; car la lumière ruisselle sur la terre, blanche de poussière, où les maisons basses découpent des ombres crues... Une bande de jeunes filles en robes claires passent, la raquette en main; et des rires fusent dans le bourdonnement de leurs papotages. Ces gamines n'ont en tête—ainsi que moi, jadis—que l'agréable arrangement de leurs journées de vacances, bain, promenade, tennis... Ah! il y a donc encore des êtres heureux?

C'est honteux à avouer... Mais que je les envie! Et que je me sens loin d'eux! Qui croirait que nous vivons, en ce moment, des heures tragiques qui voient se briser des milliers d'existences! Cette atmosphère de villégiature est tellement pareille à celle d'avant la guerre...

Ah! cette apparence de quiète béatitude, comme elle révolte le deuil que je porte en moi, en souvenir de Max et de tous ses frères en sacrifice!

Même date, le soir.

Et tout de suite, à déjeuner, il m'a fallu revoir Patrice Guisane. Et il en sera de même ce soir, demain, tous les jours, tant qu'il plaira à la destinée de nous rapprocher dans un même hôtel... Quand Bernard va être là, combien plus encore il entrera dans notre cercle!

Père qui, évidemment, n'a aucun goût pour la vie de plage,—à Deauville, peut-être, il arriverait à s'en accommoder, mais à Carantec!—père est ravi d'avoir retrouvé un citadin de la valeur de Guisane.

Et quand, à l'heure du déjeuner, il l'a vu s'installer à une petite table solitaire, il s'est exclamé, se tournant vers mère:

—Gabrielle, nous devrions peut-être recueillir ce garçon à notre table. Il va mortellement s'ennuyer à la sienne, sans aucune société...

D'un irrésistible élan, j'ai protesté:

—Oh! mère, ne faites rien de pareil, je vous en supplie!

Maman et père m'ont regardée du même œil stupéfait:

—Est-ce que tu as quelque chose contre lui?

—Oh! non!... rien... rien!

—Alors?...

—Il ne plaisait ni à Max ni à moi... Et puis, vous savez, maintenant, je redoute la présence des étrangers...

Personne n'insiste; je me sens un peu honteuse de n'avoir pas su me maîtriser. Distraitement, je regarde autour de moi; et, tout de suite, je retrouve la même impression qui m'a serré le cœur, une heure plus tôt. Que l'atmosphère ambiante est donc étrangère à la guerre! joyeuse, toute vibrante des conversations que ponctuent des rires discrets...

Au moment où les servantes bretonnes commencent leurs évolutions adroites pour servir les cent cinquante affamés que nous sommes, une jeune fille entre rapidement—comme une personne en retard—et se dirige vers une table placée dans l'encoignure d'une fenêtre, où se tient une vieille dame.

Je regarde la nouvelle venue, une fille de vingt ans environ, merveilleusement fraîche, avec de grands yeux, très bleus, des cheveux clairs qui moussent sous un polo de laine blanche...

Je la regarde parce qu'elle est charmante à voir; et aussitôt, un nom monte dans ma pensée:

—Mais c'est Christiane de Vologne.

Tout haut, je ne dis rien, sachant bien que mère ne sera pas ravie de cette rencontre. Bernard, avant la guerre, était grand admirateur de cette Christiane de Vologne qu'il retrouvait partout dans le monde; et maman s'était prononcée formellement contre toute idée de mariage entre eux, parce qu'elle ne jugeait pas que Christiane, fille du général de Vologne, eût une dot suffisante. Elle est si ambitieuse pour Bernard!

Si, comme il est probable, il vient ici, il va se trouver rapproché de Christiane. Que sortira-t-il de cette rencontre?

28 juillet.

Je suis devenue si craintive de voir du monde que j'avais évité Mlle de Vologne. Mais comme je promenais Jean sur la falaise, je me suis tout à coup trouvée face à face avec elle qui, à ma vue, s'est arrêtée court. J'ai deviné qu'elle se demandait si elle devait, ou non, m'aborder. Mais il y avait dans les yeux qui se posaient sur moi tant de sympathie que c'est moi qui, d'un mouvement spontané, lui ai tendu la main.

Elle a eu un sourire charmant.

—Alors, je ne m'étais pas trompée, madame, c'était bien vous que j'avais cru reconnaître au *Kelenn*.

—Moi aussi, mademoiselle, je vous avais reconnue; mais il faut que ce soit le hasard qui nous rapproche... Car j'ai encore la lâcheté de fuir ceux qui me rappellent *autrefois*...

Les yeux bleu sombre m'ont fait, de nouveau, don de leur pitié chaude.

—C'est bien naturel!... Voulez-vous, madame, croire à tout ce que j'éprouve pour... pour... votre malheur!

J'ai murmuré «merci»... Mais comme je ne puis supporter une allusion même à ce malheur, j'ai tout de suite continué, laissant Jean galoper autour de nous:

—Vous êtes en villégiature ici, mademoiselle?

Elle s'est mise à rire.

—Je suis en congé de convalescence.

—En congé?... De convalescence?

—Mais oui!... Depuis le début de la guerre, je suis infirmière. Vous pensez bien, madame, que je ne pouvais faire moins, ayant un père qui se bat et un frère blessé et prisonnier.

—Je vois, en effet, souvent, dans les journaux, le nom du général de Vologne, un de nos meilleurs chefs à l'heure présente.

Un éclair de plaisir passe dans les yeux de Christiane.

—C'est pourquoi j'ai tant d'orgueil à son sujet!

—Vous en avez bien le droit!... Mais, vous parlez d'un congé de convalescence. Avez-vous été souffrante?

—J'ai eu la maladresse de m'infecter, en faisant un pansement, un doigt auquel j'avais une écorchure, à ce point microscopique que je ne la soupçonnais pas! Et, pourtant, elle a suffi pour me faire courir le risque de perdre le doigt, sinon le bras... Sans doute parce que j'étais très fatiguée au moment où l'accident s'est produit.

—Il y a longtemps?... Vous avez l'air si vaillante!

—Il y a deux mois. Et je suis arrivée ici, il y a trois semaines, pareille encore à un vrai chiffon. Mais, dès le lendemain, j'ai commencé à passer mes journées en mer avec des amis qui sont des marins convaincus... Et vous pouvez, madame, constater le résultat de cette agréable médication.

Elle raconte tout cela avec une simplicité qui a un charme extrême. Plus encore qu'au temps où je la rencontrais dans le monde, elle me plaît, cette petite. Quelle sera l'impression de Bernard? Car, fatalement, ils vont se retrouver. Elle a toujours sa même allure de fille de race, sous le classique uniforme de bain de mer, un chandail de soie sur la jupe blanche, le polo enfoncé jusqu'aux sourcils, laissant tout juste voir le brouillard doré que le vent soulève sur son front et autour des tempes. Elle a été malade, soit! Mais elle est bien guérie. Et quelle vie dans son être jeune, dans ses larges yeux dont le regard a, comme la bouche, tant de franchise fière. La guerre a fait une femme de la jolie créature qui, il y a quatre ans, bostonnait en gamine insouciante avec Bernard.

J'interroge, tout à fait conquise:

—Vous êtes infirmière à Paris?

—Non, à Poissy. Nous y avons les grands blessés.

—Vous aviez fait les études nécessaires pour les soigner?

Elle sourit.

—J'ai appris... Quand la guerre a éclaté, je ne connaissais rien du tout aux fonctions d'infirmière. Père prétendait même que je ne serais bonne à rien, plutôt encombrante... Mais, j'ai persisté; et comme je n'avais—hélas!—pas de maman à garder, je l'ai tant supplié qu'il m'a permis de m'enrôler... Est-ce que jamais j'aurais pu rester tranquille chez moi quand lui et mon frère se battaient? Il l'a bien compris et m'a laissée «essayer», comme il disait. Ah! j'ai débuté par de très humbles besognes...

Ici elle s'arrête et un sourire malicieux, un peu moqueur, à son adresse, retrousse sa lèvre.

—Que j'en ai donc enlevé de bottes boueuses, de vêtements en loques!... Que j'en ai lavé de pauvres pieds saignants!... Et puis, j'ai monté en grade... Et aujourd'hui, j'ai l'honneur d'être aide-major!

Elle prononce les mots avec une emphase rieuse, comme pour enlever toute importance à ses paroles; et je devine que, prête à se dévouer, peu lui importe un titre ou un autre.

—C'est un honneur que vous avez sûrement bien gagné!

—Oh! madame, ne parlez pas ainsi. Vous savez bien, puisque vous-même, je crois, avez été infirmière, comme c'est naturel... et bon!... de faire tout ce que l'on peut pour les pauvres gens qui, eux, ont fait tant pour nous... Si délicieusement que je sois ici, mes blessés me manquent; et j'ai hâte d'aller les retrouver... Mais le docteur m'a commandé six semaines de mer. Alors, puisque je suis une façon de soldat, bien disciplinée, j'obéis. Comme je vous retarde, madame, je vous en demande pardon... Au revoir!... Pas «adieu», si vous voulez bien me le permettre.

Les yeux, vifs et sérieux, me sourient; et je sens cette petite si vibrante dans son souci de la guerre, que mes lèvres n'articulent pas les mots qui, d'ordinaire, sont maintenant ma réponse, à pareille demande. Sincère, je réplique:

—J'espère, moi aussi, que nous nous retrouverons. Vous êtes, comme moi, pensionnaire du *Kelenn*?

—Provisoirement, en attendant l'installation complète de la villa où veut bien me recevoir ma tante et marraine, Mme de Kermadec.

—Alors, nous nous revenons sûrement, car, au moins, pour tout août, nous sommes à Carantec. Nous y attendions mon frère Bernard, pour son congé de convalescence.

Se souvient-elle encore de lui?...

Spontanément, elle questionne, avec intérêt:

—Il a été blessé?

—Légèrement, grâce à Dieu!

—Oh! tant mieux! Que c'est donc loin, le temps où, si gaiement, nous bostonnions ensemble! Il me semble que je suis la mère-grand de la petite fille que j'étais alors... et que je ne pourrai plus être! J'ai vu, compris, entendu raconter trop de terribles choses qui m'ont faite autre... Cette fois, au revoir pour de vrai, madame. Votre petit garçon doit me maudire de vous avoir si longtemps arrêtée!

—Il jouait à sa fantaisie... Il était très heureux! A bientôt! mademoiselle.

Nous nous serrons la main; et, de son pas vif, elle s'éloigne. Fort à point! Car voici approcher maman, à qui sa présence, sûrement, eût été désagréable. Mais impossible, à l'avenir, de la lui éviter...

Stupéfaite de m'avoir aperçue causant avec une étrangère, elle me demande tout de suite:

—Avec qui donc étais-tu?

Elle continue à marcher, moi, près d'elle.

—Avec Christiane de Vologne.

—La fille du général?... Comment! Elle est ici!... Et Bernard qui, d'un jour à l'autre, va arriver!... Quel ennui! Tu savais qu'elle était à Carantec?... Pourquoi, alors, nous y avoir attirés!

Elle a ce ton fâché qui lui vient si vite quand les choses vont contre son gré. Je cherche à l'apaiser:

—Mère chérie, je ne savais rien du tout. Je ne suis pas en relations avec Mlle de Vologne. En tout cas, elle ne me semble nullement soucieuse de Bernard.

—Elle t'a parlé de lui?

—En réponse à la nouvelle que je lui donnais, incidemment, de sa blessure; et comme d'un agréable danseur...

—Soit!... Mais, avant la guerre, Bernard, lui, s'occupait beaucoup d'elle!

—Avant la guerre, vous le dites, maman. Depuis lors, les mentalités ont tellement changé!

—Si je pouvais l'espérer! Que fait-elle, ici, cette petite?... Avec qui est-elle? Car elle n'a pas de mère, et son père, le général, est à la bataille, dans votre abominable guerre...

«Votre!» Dans ses moments d'irritation, mère emploie volontiers ce possessif, comme si nous étions responsables des événements, nous autres, qu'ils passionnent.

—Elle est ici avec sa tante, la marquise de Kermadec, pour s'y remettre d'une infection gagnée en soignant les blessés. Elle est infirmière.

—Une fille si jeune! C'est déplorable! Je ne comprends pas que les docteurs des hôpitaux un peu sérieux acceptent ainsi de vraies enfants, dont la présence est tout à fait déplacée auprès de jeunes hommes à soigner. Qu'on prenne, pour cet emploi, des bonnes sœurs, des femmes mariées, des vieilles filles... Mais pas des créatures de vingt ans! J'ai toujours trouvé cela absurde et choquant! fait pour donner à ces gamines des connaissances malsaines!

—Oh! mère! ne puis-je m'empêcher de protester. Si vous veniez, comme moi, de causer avec Christiane de Vologne, vous ne seriez même pas effleurée par une idée qui est une injure pour elle et pour toutes celles qui lui ressemblent.

Maman est agacée. Du bout de son ombrelle, elle brise, au passage, les petites fleurs qui dressent, dans l'herbe, leurs têtes fragiles.

—Bon! Alors, toi aussi, tu es emballée et tu vas monter la tête de Bernard, au lieu de le calmer!

—Maman, ma chérie, vous oubliez qu'en ce moment Bernard ne peut guère songer à se marier. Ne vous tourmentez pas ainsi! Mais, après tout, si Christiane lui plaît, pourquoi, à propos d'une misérable question d'argent, vouloir l'empêcher d'être heureux à sa guise?... Quand le bonheur se présente, c'est tenter Dieu de ne pas le saisir! Il est si fugitif!...

—Ah! riposte maman impatiente, que le chagrin t'a donc rendue romanesque! ma pauvre enfant... Enfin, j'espère que Bernard, englobé dans ce malheureux état militaire, sera raisonnable bon gré mal gré.

Je ne réponds rien. Nous sommes devant ma villa dont maman a loué le rez-de-chaussée, de façon à avoir un salon pour recevoir plus agréablement qu'à l'hôtel.

Elle y entre. Et moi, je vais me réfugier auprès de ma petite France, le dernier trésor que m'ait donné Max...—qui dort, toute rose, pelotonnée dans son berceau.

28 juillet.

En remontant de la plage avec Jean, à l'heure du déjeuner, j'ai trouvé mère installée sur la terrasse de l'hôtel, toute souriante sous sa large capeline de paille, dans une robe de linon bis qui l'habille délicieusement. Elle parcourait le journal. A quelques pas d'elle, père causait avec Guisane. Aussi, allais-je passer sans m'arrêter, car je n'ai pas encore triomphé de l'impression pénible que me cause sa vue. Mais maman, qui refermait son journal, m'a aperçue et appelée:

—Mireille, tu n'as pas rencontré, en route, Mme de Carville? Elle te cherchait. Elle est venue t'inviter à son tennis et nous demander d'aller tantôt prendre le thé chez elle, où elle a des gens charmants, paraît-il, à me présenter.

Comment mère me fait-elle une pareille proposition! Elle sait bien que je ne vois que des amis intimes...

Je dissimule mon impression et dis seulement:

—Mme de Carville est bien aimable d'avoir pensé à moi. Mais vous m'excuserez auprès d'elle, maman. Vous lui expliquerez que je ne sors pas du tout.

Je vois à l'imperceptible pli entre les sourcils de mère que mon refus la contrarie, comme je le craignais.

La voix un peu impatiente, elle réplique:

—Oui, à Paris, tu ne sors pas, c'est entendu. Mais, en villégiature, la situation est différente. D'ailleurs, ma pauvre petite, il faudra bien, un jour ou l'autre, que tu te remettes à vivre comme tout le monde!

—Il me semble que c'est ce que je fais.

—Mais non! Tu te complais dans une claustration de nonne. Ton deuil n'est plus assez récent pour t'y obliger.

—Il l'est encore assez pour que je n'aie pas le courage de me distraire avec et comme ceux que la guerre n'atteint pas! Il faut le temps pour que je redevienne telle que vous le souhaitez. Ce n'est pas encore maintenant... Je ne puis pas... C'est au-dessus de mon courage.

Je m'arrête court, car j'ai perçu le tremblement de ma voix...

Et, à ma grande surprise, j'entends père, que je croyais tout occupé de sa causerie avec Guisane, prononcer d'un ton de reproche, bien rare chez lui quand il parle à maman:

—Gabrielle, laissez donc cette enfant agir à sa guise! Vous la tourmentez!

Maman proteste, indignée:

—Je la tourmente! C'est uniquement dans son intérêt que j'essaie de l'arracher à la solitude où elle se confine et qui lui est très mauvaise! Monsieur Guisane, ne trouvez-vous pas que j'ai raison? Dites-le à mon mari.

Maman le regarde avec un joli sourire qui a l'air de demander aide. Mais Guisane ne paraît pas s'en apercevoir. J'ai l'impression qu'il est très ennuyé d'être mêlé à ce vain débat. Et il se récuse, d'ailleurs.

—Madame, je suis fort mauvais juge en la question; d'autant plus, que j'ai pour inflexible principe que chacun doit être laissé libre de se conduire à sa guise. Me permettrez-vous d'ajouter... respectueusement... que je comprends trop bien le sentiment de Mme Noris, pour m'étonner de son désir.

Peut-être pour la première fois, depuis que je connais Guisane, j'ai un élan vers lui, tant je le devine sincère; et mes yeux cherchent les siens, avec un «merci» spontané. J'y trouve cette même expression, compréhensive de ma peine, que j'y ai vue luire à notre première rencontre.

Père conclut d'un ton de bonne humeur destiné à remettre les choses au point:

—Eh bien! maintenant, la discussion est close. Nous sommes tous de l'avis de Guisane sur la liberté individuelle. Et là-dessus, préparons-nous à déjeuner de notre mieux. Mireille, mon petit, si tu veux lire quelque chose de bien, de très bien!... je te passerai un bouquin de ce monsieur...

Il montre Guisane, qui cause avec maman,—peut-être pour l'apaiser,— et il continue:

—Incidemment, Guisane m'en avait dit le titre. Et tout de suite, je l'ai fait venir de Morlaix... Si tu ne redoutes pas les visions de guerre et d'hôpital, celles-ci sont saisissantes... Ce garçon est vraiment un merveilleux artiste, avec sa plume comme avec son pinceau, et un artiste doublé d'un brave homme qui est en même temps un homme brave. Je comprends l'enthousiaste admiration de Bernard pour lui!

—Père, quel emballement! ai-je dit, amusée de son ardeur à célébrer Guisane.

—Jeune madame, ne vous moquez pas de votre papa!... Quand vous aurez lu les pages dont je vous parle, vous me comprendrez... Je te donnerai le volume, tantôt.

Maman et Guisane, réconciliés, continuent à causer. Père a repris, baissant un peu la voix:

—Savais-tu qu'il s'est trouve à Verdun avec Max pendant... la dernière semaine? Il m'a parlé de lui...

J'ai un frisson d'angoisse contre lequel je me raidis.

—Au lieu de le fuir comme tu le fais, chérie, tu devrais causer avec lui, de Max...

Mon cœur s'est mis à battre très vite. Quel effort de volonté il me faut pour me dominer et répondre:

—Quand je m'en sentirai la force, je l'interrogerai.

Père toujours délicat et bon n'insiste pas; et je ne lui dis pas que j'ai peur d'entendre parler de Max d'une façon qui me serait douloureuse; ou, simplement, me froisserait...

1er août.

A mon journal seul, je le confesse, mais ce m'est un repos, presque une délivrance, de constater que mère se plaît ici dans la société très parisienne que nous avons eu la chance, pour elle, de retrouver; et qui est bien à son unisson, quant à goûter les quelques distractions que la guerre permet.

C'est qu'il y a encore des moments où ce m'est une telle fatigue de me montrer la compagne qu'il lui faut, toujours prête à faire ce qu'elle aime; de paraître m'intéresser aux détails de la vie mondaine, cette vie que je menais autrefois et qui m'est devenue étrangère...

Ma maman très chère, ce n'est pas de sa faute, ni de la mienne, si nous pensons et sentons si différemment...

Je m'applique de mon mieux à dissimuler mon impression. Mais je ne réussis pas toujours. Et, selon son humeur, ou bien elle a pitié de moi, ou bien elle montre une impatience qui me fait un peu mal...

Car Dieu sait que tout ce que je puis, je l'essaie pour n'importuner de ma peine, ni elle ni personne. Jamais je n'en parle; et je mène une vie extérieure presque pareille à celle des autres. Je vois des amies intimes chez moi et chez elles. Je cause comme tout le monde de tout et de rien. J'arrive à m'intéresser un peu à une foule de choses plus ou moins insignifiantes; par exemple, aux robes, aux chapeaux que je commande. Je recommence à pouvoir fixer mon attention sur les livres que je lis... Parfois même, je refais de la musique... Il faut bien occuper cette sombre journée, si longue, trop longue! qui est ma vie...

Aussi, n'était ma robe noire, les gens, même ceux qui m'aiment, oublieraient facilement que je porte au cœur une blessure inguérissable... Certes, nul, autour de moi surtout, n'a oublié Max. Mais sa disparition est un fait accepté. Il a été tué. C'est un grand malheur. C'est aussi le sort de tant d'autres.

Mère se souvient surtout, parce qu'elle est hantée par la terreur d'une pareille destinée pour Bernard. Ce qui lui fait appeler la paix à n'importe quel prix... Cette paix que moi, passionnément, je veux glorieuse, digne du sacrifice dont je la paye, pour mon humble part...

Parce que je ne me plains jamais, beaucoup, je m'en aperçois, me croient consolée. Consolée! Oh! non, je ne le suis pas!... Oh! non, je n'oublie pas... Mais les autres n'ont besoin d'en rien savoir. Le voile de mon deuil m'enveloppe, me séparant d'eux...

Je ne me révolte plus. Ce que Dieu a voulu, c'est ce qu'il jugeait sage... Mais pourquoi ne puis-je étouffer le regret de l'amour que je ne connaîtrai plus, ni l'intimité délicieuse de notre vie d'époux?... Nous étions enfermés dans un paradis d'où nous voyions les autres... comme ils me voient aujourd'hui, avec détachement.

Et cet éden, dévasté par la mort, j'en contemple les ruines, déchirée par une souffrance que rien ne peut guérir, puisque jamais elles ne pourront être relevées... Jamais plus, je ne connaîtrai le merveilleux bonheur que je trouvais, en donnant à Max ce qu'il réclamait de moi et qui nous enivrait tous deux...

Moi aussi, maintenant, j'ai tout perdu, comme lui... Mais son cœur est, du moins, endormi dans une paix glacée et ne souffre pas. Le mien, hélas! tressaille désespérément dans ma poitrine, de regrets, et aussi de désirs instinctifs que rien n'assouvira jamais... ne doit assouvir.

Aussi, il y a des moments où il me semble que je ne peux plus porter ma peine! Elle me broie si atrocement que je ne suis vraiment plus qu'une pauvre âme douloureuse qui crie sa souffrance.

Et cependant, je vis... Et cependant, quand je me mets face à face avec moi-même, je constate cette chose affreuse, que j'aurais crue impossible... Peu à peu, je m'habitue à l'absence éternelle de mon mari!...

Il devient le passé, même pour moi, sa fidèle... Ma révolte est vaine contre l'inexorable accoutumance. C'est dans les lois de la nature qu'il en soit ainsi. Elle nous permet d'abord d'exhaler notre douleur, parce que nous sommes ainsi faits que notre faiblesse l'exige. Et puis, elle nous livre à l'œuvre inflexible du temps qui dépose sur notre blessure un impalpable baume... C'est le voile de poussière qui, lentement, tombe sur toute chose et efface les couleurs, fait reculer les images dans l'ombre du souvenir...

Est-ce qu'il n'arrive pas que, par instants, je *n'aperçois* plus bien Max vivant... La vision que j'ai de lui se fait confuse, un peu effacée, lointaine...

Oh! de quelle humilité cette constatation me pénètre!

Pauvre cœur, tu étais *sûr* de sentir toujours, intense, le mal que t'a fait le départ du bien-aimé... Pauvre femme, tu pensais ne plus pouvoir exister que les yeux clos à tout ce qui enchante les autres créatures... Quel orgueil et quelle illusion!

O Max, mon amour, vois-tu, il faut que, du monde infini où tu es entré le premier de nous deux, tu m'aides à accepter mon isolement qui m'écrase et dans lequel ma volonté demeure résolue à m'enfermer... Aide-moi à oublier que j'ai été une femme amoureuse et adorée... Que jamais plus je ne m'endormirai, la tête abandonnée sur ta poitrine, blottie entre tes bras... Que jamais plus tes lèvres...—des lèvres...—ne prendront jalousement les miennes... Que jamais plus je n'entendrai les mots qui enivrent... Aide-moi, mon Max, à étouffer ma nostalgie de ce bonheur humain dont la soif...—est-ce assez misérable! pour ma honte, je l'écris ici...—dont la soif crie encore sourdement en mon être esseulé...

Ah! que c'est long de devenir insensible! cloîtrée comme une nonne dans ma vie close!

Que le feu est lent à mourir sous la cendre!...

2 août.

Ce matin, le courrier m'avait apporté la *Revue des Deux Mondes*. Je l'ai prise au moment de m'en aller finir l'après-midi sur la falaise, bien en paix. Les enfants étaient sur la plage. Mère faisait un bridge chez les de Carville où il y avait brillante réunion. Tout à mon gré, je pouvais donc regarder le soleil descendre derrière Roscoff, une féerie dont je ne me lasse pas...

Aussi, assise sur une roche un peu en retrait, enveloppée par la brise chaude qui sent la mer et la terre brûlante, je ne me hâte pas d'ouvrir la *Revue* que, faute de loisirs, j'ai laissée de côté depuis le matin.

C'est d'un doigt distrait que je déchire la bande qui l'enferme. C'est d'un œil détaché que je cherche le sommaire... Et puis, brusquement, un choc me bouleverse. Sur la couverture claire, j'ai lu: «*Verdun*—1916»; et l'article est signé: «Patrice Guisane.»

Verdun! Là où Max est tombé, si bravement, pour s'être offert à remplir une périlleuse mission...

Est-ce que Guisane parle de lui?... Et comment?... Ou bien a-t-il laissé disparaître dans le silence cet épisode insignifiant de la gigantesque lutte?

Je coupe les feuillets avec des doigts qui tremblent si fort, que ma liseuse arrache le papier. Et frémissante, je commence à lire.

Il y a d'abord quelques lignes de la Direction expliquant que ces notes ont été prises, au jour le jour, par leur auteur qui a vécu l'héroïque épopée. Et puis, c'est le *journal* lui-même, sobre, coloré, écrit avec une simplicité puissante qui donne au récit une telle intensité de vie que, pas une seconde—alors...—je n'ai songé au rare talent de celui qui peut être un pareil évocateur. Ce sont les faits eux-mêmes qui parlent.

Et soudain, j'arrive à une note datée du jour où Max est parti pour porter le message nécessaire; volontairement, en pleine conscience du danger couru...

Mon Dieu! comme Guisane met en relief son dévouement si simple, dans la page émouvante et émue qu'il lui consacre!... Tout à coup, j'ai l'impression qu'ainsi, son souvenir est enchâssé dans une sorte de reliquaire; car les pages que je viens de lire resteront comme l'histoire même. Toutes les pensées qui s'y attacheront ne pourront, après avoir lu le récit de Guisane, oublier le pauvre petit lieutenant, bien ignoré de la foule belliqueuse, qui, adorant la vie où il possédait tout, a très simplement donné la sienne, pour aider au salut de ses compagnons de lutte.

Dans ma peine, quel orgueil j'éprouve que ce soit ainsi qu'il m'ait été enlevé! Et quelle reconnaissance pour celui qui lui rend, devant tous, cet éclatant hommage!

Insatiable, je lis, je relis cette page, où revit Max, à ce point que j'ai la sensation d'être près de lui...

Pourtant, d'instinct, je lève la tête vers le large ciel où nous cherchons nos bien-aimés, disparus...

Mon regard, lourd des visions qu'il vient, éperdument, de contempler, distingue alors, devant moi, sur le sentier qui grimpe de la plage, celui-là même qui a créé la chère et poignante résurrection...

Il observe le ciel en flammes.

Ai-je une exclamation inconsciente?... M'a-t-il aperçue, en montant?... Il se détourne, reprenant sa marche; et instinctivement, ce que, la veille, j'aurais juré impossible, j'ai vers lui un geste d'appel. Je suis tellement bouleversée que ma farouche réserve en est brisée. Il n'y a plus que mon âme, ma pauvre âme déchirée, qui existe en moi et lui crie, quand je le vois approcher, m'enveloppant d'un regard très bon:

—Merci!!... oh! merci!...

Et mes deux mains se jettent dans les siennes qu'il me tend. Il a vu, sur mes genoux, la *Revue*; et il a compris...

—Ne me remerciez pas, madame. J'ai rempli un strict devoir en proclamant, de mon mieux, la part de gloire que votre mari s'est acquise ce jour-là. Quand j'ai appris qu'il s'était offert pour cette mission, j'ai fait tout pour l'empêcher de partir, pensant à vous, madame. Mais il n'a jamais prétendu y renoncer...

Je ne sais pourquoi j'ai la pensée—une intuition—que Guisane a voulu prendre sa place et que Max a refusé. Mais cela, jamais il ne me le dira... Pas plus qu'il ne le laisse soupçonner dans son article, où il s'efface complètement.

Combien, tout à coup, il me paraît un ami, lui que j'ai tant détesté!

Il continue très doucement:

—Je ne vous ai pas fait trop de mal en vous rappelant des jours bien cruels pour vous?

—C'est un mal que je ne peux pas regretter!... Il me semble si bon que vous rendiez justice à Max. Seulement, les lignes que vous lui avez consacrées, c'est la résurrection, pour moi, des heures affreuses!...

Et, à bout de force, moi d'ordinaire jalousement close sur ma peine, je laisse jaillir les larmes que je n'ai plus la force de contenir. D'instinct, pour cacher mon visage, je dégage mes mains qu'il a encore dans les siennes.

J'ai tout oublié, sauf que j'ai perdu Max!... J'entends la voix de Guisane, resté debout devant moi, qui murmure, comme à une petite fille dont il voudrait bercer la peine:

—Pauvre, pauvre enfant!...

Heureusement, cette bonté compatissante agit sur mes nerfs en déroute et me rend la possession de moi-même. Je relève la tête, toute confuse; je passe la main sur mes joues humides. Dans mon désarroi, la notion du temps m'a échappé... Quelques minutes, seulement, j'espère. Que va penser de moi Guisane!... Mes yeux troublés montent vers lui et rencontrent les siens. Dans son regard, si facilement incisif, il y a une expression de pitié grave; et la crainte ne m'effleure même plus qu'il m'ait trouvée ridicule, ou simplement ennuyeuse.

J'essaie de sourire, tout en aspirant la brise qui sèche mes paupières:

—Vous devez trouver que je suis bien peu courageuse. En général, je le suis davantage... Mais votre article m'a été une surprise qui m'a atteinte en plein cœur...

—J'aurais dû vous prévenir, vous ou M. votre père, dit-il d'un ton d'excuse.

Tout bas, je murmure, et l'on dirait que c'est mon âme qui parle:

—Ne regrettez rien. Tout est bien ainsi!... Maintenant, je vais reprendre un peu de vaillance auprès de mes petits... Les derniers moments de Max ont été bien douloureux à revivre... Mais votre jugement sur lui me fait beaucoup de bien!...

—Tant mieux! madame. J'en suis infiniment heureux!... Alors, maintenant, vous voudrez bien me considérer pour ce que j'ai toujours été à votre égard, quoi que vous supposiez...

Je me sens un peu rougir.

—... Un ami... Il était d'ailleurs tout naturel que je le sois pour la petite sœur de Bernard!

Et comme un écho bien sincère, je réponds:

—Ah! maintenant, je ne pourrai plus vous voir autrement que comme un ami!... Au revoir, et merci, encore et toujours!

Il ne relève pas mes paroles. Simplement, il se penche sur mes deux mains, que d'un élan je lui ai données. Ses lèvres les effleurent. Et, sans un mot de plus, nous nous séparons, après que mes yeux, pleins de gratitude, se sont, une seconde, posés sur lui.

Toujours, il me semble, je le verrai ainsi, sa grande taille découpée sur l'admirable fond de la mer et du couchant qui flamboie derrière le Creitzker.

Ah! comme j'avais, à faux, jugé cet homme!

2 août, le soir.

J'ai retrouvé Guisane, un peu plus tard, comme j'allais à l'hôtel pour le dîner. J'étais avec mère que je venais de rencontrer. Lui aussi se dirigeait vers le *Kelenn.* Il s'est arrêté à notre vue. Ni l'un ni l'autre, nous n'avons eu une allusion à la scène qui, une heure plus tôt, s'était passée entre nous. Mais je ne le voyais plus avec les mêmes yeux. Au lieu de mon désir maladif de le fuir, j'avais maintenant la soif de causer avec lui, de l'interroger sur la dernière semaine de Max qu'ils ont passée ensemble. Dans ses prunelles, je retrouvais ce même regard qui, soudain, m'a étrangement attirée là-bas, sur la falaise.

Mais il causait surtout avec maman. Puis père nous a rejoints et m'a fait tressaillir en le félicitant sur son article dont il avait déjà entendu parler à l'hôtel.

J'ai deviné que, tout de suite, l'attention de Guisane s'attachait à moi. Sans doute, il redoutait l'effet de telles paroles sur ma sensibilité frémissante. Mais je m'étais ressaisie; et si, tout bas, je sentais, aiguë, la souffrance de ma blessure, le masque était de nouveau bien attaché, qui cache ma détresse aux autres. Guisane est le seul qui, depuis des mois, m'a vue pleurer.

Mon hostilité contre lui est soudain tellement morte que je me surprends à me demander comment j'ai pu l'éprouver...

Un instant, comme père et maman s'étaient arrêtés pour causer avec des hôtes du *Kelenn*, j'ai continué à marcher près de lui; et alors, je lui ai demandé, suppliante:

—Vous me raconterez tout ce que vous vous rappelez de Max?

—Hélas! madame, nous avons vécu peu de jours ensemble. Mais cela m'a suffi pour constater quel camarade charmant il était; quel soldat témérairement brave, avec une juvénile et si française insouciance du danger...

Oh! cet hommage rendu à mon aimé!... Je presse un peu le pas pour que Guisane puisse me dire, à moi seule, les choses que je veux, en ce moment, être seule à entendre. Et je pense tout haut:

—Les lignes que vous lui avez consacrées me sont si précieuses que, toujours, je vous en demeurerai reconnaissante!

—Madame, je n'ai fait que dire ce qui était...

—Et vous l'avez dit de façon telle que tous ceux qui liront votre récit ne pourront plus l'oublier. Ainsi mon pauvre Max, dans la mort, demeurera vivant. Si souvent me revient cette pensée de Maeterlinck, «que les morts ne cessent vraiment d'exister que quand nul ne songe plus à eux...»

—Vous la trouvez bien vraie, n'est-ce pas, madame?

—Oh! oui!...

Nous nous taisons tous les deux; et, dans la paix du crépuscule, résonnent le gazouillis de Jean qui parle à son grand-père et le bruissement lointain de la mer. Et puis, avec un accent d'amicale conviction, j'entends Guisane reprendre:

—La paix est bien signée entre nous... Ne le pensez-vous pas, madame?

J'incline silencieusement la tête.

Nous sommes devant l'hôtel.

Pour la première fois, peut-être, depuis mon malheur, j'éprouve l'étrange douceur de savoir que je puis compter sur une protection d'homme... Pourtant j'avais père... Et Bernard...

3 août.

Maman m'a dit:

—Ah çà! tu as donc changé d'humeur pour Guisane? Tout à coup, tu as l'air de lui parler très volontiers. Comme tu deviens capricieuse, ma pauvre petite.

J'ai simplement expliqué:

—Il a écrit sur Max des choses qui m'ont été très bienfaisantes... Alors, je lui en témoigne ma gratitude.

—Oui, ton père m'a dit avoir lu de lui un article remarquable. Il faut que je trouve un moment pour le voir, moi aussi.

Et elle n'a pas autrement insisté. Ma mondaine maman n'a guère de loisirs pour la lecture.

J'avais dit hier à Guisane:

—Venez me parler de Max chez moi... Je serai très raisonnable... Ne craignez pas de scène!... L'autre jour, je vous l'ai dit, c'était l'effet de la surprise...

Il m'a regardée d'un air de reproche:

—Ce n'est pas là parler en amie, madame. Et si je me froissais!... Et si je ne venais pas?

J'ai souri un peu:

—Je sais bien que vous n'auriez pas une telle méchanceté!... A demain, voulez-vous?... Dans la matinée?

Et il est venu. C'était un jour doucement tiède, trempé de pluie, qui faisait toute grise la mer, que je voyais frémir jusqu'à l'horizon, par delà les arbres du jardin...

Ah! quelle heure j'ai encore vécue là! Pour être sûre de demeurer bien maîtresse de moi-même, j'ai peu questionné, mais surtout écouté, les lèvres closes, mes deux mains serrées pour bien tendre ma volonté. Par moments, quand j'avais trop mal, je fermais les yeux afin de *plus* enfermer ma souffrance dans le secret de mon cœur.

Guisane m'a raconté tous les détails, les plus menus faits de ces quelques jours où le hasard les avait réunis, Max et lui... Et il a tellement le don de créer la vie même, par sa parole ou son style, qu'en l'écoutant, moi aussi, j'étais là-bas, à Verdun. Je voyais Max, trempé par sa rude existence, animé de cet entrain qu'il avait au moment où il s'est proposé pour la mission qui l'a tué.

Guisane a achevé, une vibration émue dans sa voix d'ordinaire si ferme:

—Votre mari, madame, me faisait vraiment l'effet d'un jeune frère. J'ai appris ce qu'il avait résolu, trop tard pour le retenir en lui rappelant qu'un père de famille ne s'expose pas ainsi sans l'obligation d'un devoir. Il faut laisser cela aux célibataires. Mais il n'a pas consenti à...

—A vous céder sa place... Car je suis bien certaine que vous le lui avez offert!

Il se dérobe à une réponse précise:

—C'eût été tellement mieux ainsi... Mais j'ai bien compris son refus. Comme lui, le danger m'attire et me grise!... Je l'ai quitté à la dernière minute, quand il est parti...

Guisane s'arrête une seconde; sa voix s'assourdit plus encore pour me raconter les derniers instants.

—... Il était très gai; confiant comme toujours en sa bonne étoile, le pauvre enfant... Quelques minutes avant de s'éloigner, il m'a dit...

—Quoi?... Que vous a-t-il dit?

—Il m'a encore une fois parlé de vous pour me demander de vous répéter, si... il ne revenait pas et si la destinée me rapprochait de vous... que pas une femme ne lui avait été chère comme vous, qui étiez son amour même...

Lourdement, de nouveau, mes paupières s'abaissent pour que je recueille mieux en moi cette affirmation suprême de mon mari. Est-ce la réponse à la mystérieuse question concernant Maud et lui, que mon cœur a vainement murmurée tant de fois?...

Oui, je le crois, j'en suis *sûre*! il n'a aimé aucune autre, comme il m'aimait moi, l'amoureuse petite compagne de sa jeunesse... Mais... mais... puis-je être sûre que d'autres aussi ne l'ont pas... charmé... alors que j'étais sa femme?

J'ai le cœur si serré, que je ne pourrais même pas pleurer, tant ma volonté de rester maîtresse de moi a pétrifié ma sensibilité extérieure. C'est au fond de mon âme que les sanglots me brisent; et, dans mon calme glacé, je peux dire à Guisane, qui attache sur moi un regard affectueusement inquiet:

—Et puis?...

—Et puis, nous nous sommes serré la main. La lumière d'une lanterne éclairait son visage énergique et souriant. Dans ses yeux, je le voyais sans un atome d'appréhension, tout au plaisir de tenter une sorte d'escapade dont la difficulté l'attirait. Il m'a dit en riant:

—Et maintenant, à la grâce... Au revoir!

Je lui ai répété encore:

—Surtout, soyez prudent!

—Mais oui... mais oui! Au revoir, mon ami.

Et il s'est détourné... Je ne l'ai plus revu que quand on l'a ramené...

Guisane se tait.

Que demanderais-je de plus?... Le reste, je le sais... J'entends Guisane me dire, de cet accent grave et chaud, si différent de sa voix habituelle:

—Vous pouvez être fière de lui, madame.

J'incline la tête.

Oui, je suis fière du souvenir qu'il a laissé. Mais ce Max que Guisane vient ainsi de me révéler, je ne l'ai pas connu. Ce n'est pas mon mari amant. Ce n'est pas le beau cavalier flirt que le monde grisait, dont l'hommage rendait les femmes fières. Ce n'est pas le Max dont j'essayais, si douloureusement quelquefois, de capter la pensée ondoyante, attirée par toutes les féeries, le cœur que je voulais profond pour que le mien puisse s'y abîmer... Le Max que Guisane a vu en pleine guerre, c'est celui que ses lettres me faisaient pressentir... Celui qui ne voulait pas, à Paris, parler du danger dont il vivait désormais enveloppé; celui dont ses chefs et ses camarades m'ont raconté l'endurance, l'inaltérable bonne humeur, la bravoure audacieuse.

Quel viatique c'est pour moi de penser qu'il a été l'homme dont Guisane vient de dire:

—Vous pouvez être fière de lui, madame.

Guisane, maintenant, est, comme moi, silencieux; il devine combien ces souvenirs évoqués m'entourent, m'isolant tout à coup du reste du monde.

Une pluie chaude s'est mise à tomber. J'entends les gouttelettes ruisseler sur les branches... Et puis, c'est Kate qui appelle Jean, encore dans le jardin. La petite voix fraîche répond; la voix qui, bien autrement enfantine, lors de la dernière permission, commandait, joyeuse:

—Papa, venez jouer avec moi! s'il vous plaît.

J'ai un frisson, et je reprends, d'un accent de prière:

—Lorsque Jean sera un peu plus grand, il faudra lui raconter tout ce que vous savez de son père?... Et même maintenant, apprenez-lui déjà ce qu'il peut comprendre... Ensuite, je ne vous importunerai plus...

—M'importuner!... Madame, ne sentez-vous quelle douceur ce m'est de parler d'un ami, tel que votre mari l'était devenu pour moi pendant ces quelques jours où nous éprouvions les mêmes affres pour l'avenir de *notre* Verdun?

Toujours silencieuse,—je sais qu'un sanglot étoufferait ma voix si j'essayais de parler...—je lui tends ma main, et je me lève, entendant approcher Jean. Il est tout près. Il accourt, car Kate lui répète, impatiente:

—*Quick, quick, darling. It rains!*

Alors, sans réfléchir, j'appelle:

—Jean, viens ici! Dans le salon!...

Il bondit de plus belle; toujours, il voudrait être près de moi, le pauvret. La porte s'ouvre. Sa figure menue, bronzée déjà par la mer, apparaît toute rieuse.

—Maman, vous voulez bien que j'entre, dites?

Il n'en croit pas ses oreilles: un visiteur est là, et je l'invite à paraître!...

Il se précipite en tourbillon vers moi. Je l'attire dans mes bras et il s'y blottit ainsi qu'un oiselet dans son nid. Alors, ma main dans ses boucles, souples comme l'étaient les cheveux de Max, je commence, lui montrant Guisane:

—Vois-tu ce monsieur-là, c'était un ami de ton papa. Il te racontera comme papa était un brave soldat!

—Oui... Et moi aussi, je serai un brave soldat quand je serai grand!

J'ai un geste irraisonné pour retenir dans mes bras ce petit qui pense déjà à se battre. Comme si la destinée voulait me le prendre, lui aussi! Et puis, je me raidis contre ce vain élan et j'écarte Jean qui proteste:

—Donne la main à M. Guisane, et va retrouver Kate.

Avant de me laisser, il a vers moi un de ces mouvements tendres dont il est coutumier, et il jette un ardent baiser sur mes doigts qu'il attrape au passage. Alors seulement, il s'approche de Guisane qui le prend devant lui, debout entre ses jambes, et lui demande, gardant les deux menottes dans sa main d'homme:

—Je suis sûr que tu le connais très bien, ton papa?

Et Jean de répondre avec un éclat de rire, comme à une question tout à fait oiseuse:

—Bien sûr, je le connais!... Il est là...

Et sa tête bouclée se tourne vers le portrait que je l'ai habitué à regarder chaque jour.

Guisane continue:

—Tu sais ce qu'il a fait de beau?

—Oh! oui, maman a dit. Il a voulu faire partir les méchants Boches; et ils l'ont *toué*! Alors le bon Dieu l'a pris avec lui pour qu'il *soye* très heureux!

—Et pour le récompenser de n'avoir jamais eu peur... Tu as bien raison de vouloir être comme lui!

—Moi non plus, je n'ai jamais peur! affirme Jean, vivement. Je vais très bien dans *le noir*... et je ne crie jamais, quand la vague passe sur ma tête!

Ici, je veux interrompre le dialogue, ayant peur d'abuser de la bonne grâce de Guisane dont l'accent et l'attitude me rassurent cependant.

Il parle à Jean, de Verdun, de son père, se mettant à la portée de l'enfant d'une façon qui me stupéfie.

Quelle merveilleuse souplesse d'esprit il a reçue en partage! Comment ce célibataire sait-il ainsi la manière dont il faut s'adresser aux tout jeunes?...

J'écoute, d'ailleurs, aussi ardemment que Jean qui est tout à fait subjugué. Ses prunelles ne quittent pas Guisane; et il recueille, avec passion, ses «histoires», comme il dit, sur la guerre, sur Verdun, sur les Boches, sur son père! Il resterait ainsi des heures... Moi aussi!...

Pourtant, j'interviens:

—C'est assez faire parler M. Guisane pour aujourd'hui, Jean. Un autre jour, si tu es sage, il te racontera encore beaucoup de choses!... Maintenant, il ne pleut plus. Retourne dans le jardin.

Il est bien déçu par cet ordre, mon pauvre gosse; mais, avec moi, il est la docilité même; et si grand que soit son désir d'entendre encore Guisane, il lui tend la main, avec un correct geste d'adieu, et s'en va.

Guisane le suit des yeux. Quand la porte se referme, il me dit—et je suis certaine que c'est sa pensée même:

—Ce petit être est délicieux! Quelle consolation vous devez déjà trouver en lui, madame!

—Oui, de mon mieux, je me réchauffe à sa tendresse d'enfant... Mais pourvu que je sache bien l'élever, de telle façon qu'il donne tout ce qu'il peut donner... Car j'ai beaucoup d'ambition pour lui... Et hélas! si peu d'expérience... Le fils a tant besoin du père!... Pour France, je ne suis pas inquiète ainsi!

—Le fils a tout autant besoin de la mère, croyez-en mon expérience masculine. Je l'ai senti plus d'une fois, moi qui, tout jeune, ai été un gamin orphelin. Voyant des camarades moins dénués, je les enviais bien fort!... A ce point que, dans ma prime jeunesse, quand j'étais frôlé par la bonne intimité de certains, avec leur mère... leur *maman*... je m'enfuyais... Ainsi qu'un pauvre qui ne peut supporter la vue de la richesse... Avec les années seulement, je me suis bronzé contre cette impression...

—Oui, je comprends...

Et je comprends aussi le pourquoi de son apparence froide, un peu hautaine et distante. La solitude morale l'a habitué à se replier sur lui-même. Maintenant, je devine un beau foyer, derrière la sévère muraille d'impassibilité et d'ironie.

Ce n'est ni un insensible, ni un égoïste qui achève avec un sourire fortifiant, parce qu'il a pitié de ma faiblesse:

—Madame, ne vous inquiétez pas pour l'éducation de votre fils. Ce sera beaucoup plus simple que vous ne le croyez. Vous respecterez l'individualité de votre enfant... Vous lui indiquerez ce qui doit toujours être fait, selon la droiture, la vérité... Vous lui apprendrez l'oubli de lui-même... Et tout ira très bien... Le résultat sera excellent.

Il parle avec tant de conviction que je me mets à rire:

—Le résultat sera excellent! Espérons-le. Vous êtes très encourageant!... Je vous en remercie et vous rends enfin votre liberté. Je suis confuse de vous avoir ainsi retenu! Vous n'avez pu peindre, je vous ai fait perdre toute votre matinée!

—Madame, comment osez-vous dire cela, puisque nous sommes des amis! Que vous le vouliez ou non, je me considère comme le vôtre, je vous l'ai avoué... Tant pis si vous le regrettez... Le mal est irréparable.

Certes oui, il est maintenant un ami pour moi!

6 août.

Quand j'arrive à l'hôtel, je trouve, arpentant la place de long en large, père qui fume auprès de Guisane et je suis accueillie par un double bon sourire de bienvenue. Je me mets aussi à arpenter; et père, tout à la conversation qui l'intéresse, me dit tout de suite:

—Savais-tu que Guisane allait avoir, à l'automne, une exposition de ses croquis de guerre?

Guisane explique de cet accent de badinage mordant qui lui est familier:

—Madame, j'ai pensé qu'il était prudent, avant de repartir au front, de montrer encore une fois au public ce dont j'étais capable; au cas où l'avenir me serait enlevé. Que sait-on?...

Je tressaille, et père a une exclamation de reproche:

—N'imaginez pas ainsi d'inutiles hypothèses, surtout quand elles sont aussi fâcheuses! Elles m'étonnent de vous, si brave!

Et les yeux de père se posent sur le filet de soie rouge qui barre, sur la poitrine, l'uniforme bleu clair.

Le visage de Guisane a soudain une étrange expression, et sa voix s'élève dure, railleuse aussi:

—Oui, je suis brave pour ce qui est de risquer ma peau! Mais il me faut bien reconnaître que je ne suis pas encore tout à fait maître de la seule crainte qui me tenaille,—si vivace, que je pourrais la tenir pour un pressentiment, pour peu que je sois superstitieux.

Incrédule, je répète:

—Vous, une crainte?...

—Oui, madame... C'est qu'un obus, une grenade, les gaz m'atteignent dans ma vue qui est mon bien le plus précieux! Vous allez me trouver lâche, madame, mais si pareil malheur m'atteignait, je crois bien que je n'aurais pas le courage d'accepter le supplice d'une nuit éternelle...

Père intervient:

—Guisane!... Guisane! Ne dites pas d'insanités! Voyez, vous bouleversez cette petite madame.

C'est vrai. Son accent était si convaincu que j'ai senti en moi la sourde angoisse qui hante son intrépidité. Je suis devenue tellement nerveuse...

Il me sourit, la mine contrite:

—Madame, vous me rendez tout à fait confus de vous avoir fait l'aveu de ma faiblesse à laquelle, je vous prie de croire, ma volonté met bon ordre. Mais vous l'excuseriez, si vous saviez quelle ivresse me donnent la forme, les lignes, les couleurs surtout!... J'adore la couleur! Écrire, certes, m'intéresse... Mais parce que c'est peindre aussi, ce que je vois... ce que je sens... Même au front, je suis harcelé par ce besoin de crayonner, tout au moins, ce qui attire mes yeux: types, paysages, scènes...

—Et vous avez pu le faire?

—Oh! madame, est-ce que l'on n'arrive pas toujours à réaliser ce que l'on souhaite impérieusement?...

Il s'arrête. Son regard m'enveloppe toute, l'expression changée. Un éclair de gaieté malicieuse y flambe et il finit:

—Aussi, je succombe à la tentation de vous confesser un désir très hardi que je nourris, en mon for intérieur, depuis que nous vivons en bonne intelligence...

Son accent m'amuse et j'interroge, intriguée:

—Et ce désir, c'est...?

—Ce serait, madame... je me risque car j'ai l'idée que je trouverai un allié dans M. Dabrovine, ce serait que vous me permettiez de faire de vous un rapide croquis... sur la falaise que vous aimez tant... Est-ce que vous consentiriez à m'accorder cette grâce?...

Comment refuser après le bien qu'il m'a fait pour Max? J'acquitte une dette.

—Je veux bien, puisque je puis vous être agréable ainsi... Ce ne sera pas une pose trop longue?

—Une heure, de deux ou trois de vos matinées. Et devant la mer que vous avez tant de plaisir à contempler... Et pendant cette heure, à votre gré, vous causerez ou vous vous tairez...

Père nous écoute avec une expression que je ne m'explique pas. Mais comme la cloche sonne bruyamment le repas, que maman approche, fraîche autant qu'une toute jeune femme, père conclut, mettant sa main sur l'épaule de Guisane:

—Eh bien! c'est chose convenue, mon ami. On vous confie le soin de représenter l'image de cette jeune dame. J'espère qu'elle posera bien. J'irai vous faire des visites pour m'en assurer. Et là-dessus, à table!

10 août.

Donc, j'ai posé avant-hier, hier et puis ce matin, pour finir; dans un adorable coin, un peu écarté, au milieu des roches, sur ce promontoire avancé de la falaise, d'où la vue m'est un enchantement.

J'ai posé sous l'égide de Jean, de Kate, voire même de Nounou qui berçait Bébé près de moi; mère ayant émis quelques réflexions qui m'avaient été un brin désagréables, sur le tête-à-tête auquel je me prêtais avec Guisane, dont le *Tout Carantec* pouvait s'étonner. Misère et futilité!

Et ces quelques heures, durant lesquelles nous avons capricieusement causé et goûté aussi le charme des silences, riches de pensée, ces heures-là ont eu, pour moi, la douceur d'un baume.

L'imprévu d'une réflexion m'a amenée, ce matin, tandis que je posais pour la dernière fois, à trahir cette impression qu'il me donne de n'être plus le même homme...

Il avait interrompu son travail pour me permettre de me délasser de mon immobilité; et, adossé à une roche, il allumait sa cigarette, les yeux sur la mer, d'un bleu intense, où le soleil hérissait d'aigrettes d'argent les vagues nonchalantes.

Et pensif, il m'a répondu:

—Oui, vous avez raison, madame, j'ai changé... Mais comment pourrait-il en être autrement? La vie que j'ai menée depuis la guerre m'a fait voir les choses sous un angle tellement nouveau!... Je ne pourrai plus être, il me semble, le joueur de flûte que j'étais avec délices. La guerre a été pour moi...—et nous sommes légion ainsi!...—une éducatrice à qui je ne serai jamais assez reconnaissant pour tout ce qu'elle m'a appris. Si cette science n'était acquise à un prix qui est la souffrance, la mutilation, la mort de tant de pauvres êtres, je bénirais les années cruelles qui m'ont été, moralement, si bienfaisantes!

—Bienfaisantes?

—Oui... C'est très fortifiant de se mouvoir dans la fatigue, la boue, le froid, le danger, surtout l'incessante menace de la mort... Ceux qui n'ont pas passé par là ne peuvent savoir la saveur que donne à la vie la sensation, à tant d'instants éprouvée, qu'elle va nous échapper... Oui, je sortirai de la tempête...

si j'en sors!... marqué d'une empreinte qui ne pourra s'effacer... Du moins, je l'espère!

S'il en sort!... Encore ce terrible inconnu qu'il évoque. C'est vrai, à l'automne, il repart. Et, sera-t-il plus heureux que Max!...

Maintenant, il m'apparaît tellement un ami, que je vais craindre pour lui, quand il sera retourné là-bas, dans la fournaise.

Que cette horrible vision de la guerre me paraît donc invraisemblable, telle un cauchemar, évoquée tout à coup, par cette éblouissante matinée. Autour de nous, tout est si paisible! La terre chaude sent bon les petites plantes qui ont poussé dru, sous le soleil, au souffle de la mer...

Près de nous, des promeneurs passent. Sur la plage, des enfants jouent. Des femmes en robe claire travaillent. La brise apporte les rires des baigneurs. A quelques pas de moi, résonne la voix joyeuse de Jean qui s'amuse avec Bébé.

Et cependant, les autres se battent, sont mutilés, meurent—comme Max est mort... Que ce contraste est atroce!

Guisane devine-t-il et partage-t-il mon impression?... Il est pensif. Devant moi, il est toujours debout, appuyé au contrefort rocheux. Il fume. Son œil de peintre erre autour de lui avec une avidité caressante. Songe-t-il à la crainte qui le hante, ne plus voir?...

Je ne le crois pas. Il est hors du feu pour un moment. Comme Max jadis, il vit dans le présent et jouit du bienfait de la halte. Il en a, combien! le droit. Il s'est largement donné et il est prêt à se donner de nouveau, autant qu'il lui sera demandé.

—Madame, à quoi réfléchissez-vous?... Il passe bien des choses dans vos yeux... Ne voulez-vous pas m'en confier quelques-unes?

J'ai presque un sursaut à ces paroles. Je croyais bien que Guisane avait tout à fait oublié ma présence... Et je pense tout haut:

—Je songeais qu'il est stupéfiant que vous ayez pu vous accommoder ainsi d'une existence à laquelle rien ne vous avait préparé!

Il jette sa cigarette, s'approche et, alerte, réplique:

—Madame, ne m'imaginez pas meilleur que je ne suis. Honnêtement, je dois vous avouer que la transposition qui s'est opérée dans ma vie matérielle m'a été très... pénible!... Ah! certes, si avec la vision précise de ce qui m'attendait j'avais eu le choix d'accepter ou non, je ne jurerais pas que j'aurais eu la vertu d'«accepter»... Oui, j'ai commencé par trouver abominablement désagréables, la pluie, la boue, la poussière, les marches...

interminables, surtout la promiscuité des tranchées, le contact d'une foule d'êtres, de certains individus avec lesquels, en d'autres temps, jamais je n'aurais frayé... Et puis...

—Et puis?...

—Et puis, cette mesquine révolte de mandarin, ma crise de sybaritisme se sont évaporées, j'imagine, dans le grand souffle qui nous soulevait tous au-dessus de nous-mêmes... Bon gré mal gré... Et puis encore, vous le devinez, je suis d'esprit bien trop curieux pour n'avoir pas été vite intéressé par tout ce que j'étais amené à découvrir dans les âmes frustes...—celles-là surtout m'étaient moins familières—que me faisait frôler mon nouveau mode d'existence. Jamais, dans ma mentalité d'intellectuel et de peintre, doublé d'un clubman, je n'aurais imaginé qu'elles pussent, à ce point, enfermer des trésors de courage, d'endurance, de dévouement... Un sens imprévu et prodigieux du devoir tout simplement accompli...

Il s'arrête; et je devine qu'il se rappelle...

Il a parlé avec une conviction chaude que je sens née de tout ce qu'a vu son regard aigu d'observateur, de tout ce qu'a pénétré sa délicate compréhension des âmes. Je suis sûre qu'il était très bon pour ces humbles, devenus ses frères d'armes...

Brusquement, il finit, conscient de mon attention frémissante:

—Bien entendu, j'ai vu aussi de tristes sires! Mais vraiment, ils étaient l'exception. S'il y a eu l'ivraie, il y a eu surtout les bons épis qui font la riche moisson. Et je vous assure, madame, que si je me suis décidé à l'exposition dont vous a parlé votre père, c'est beaucoup pour faire connaître tous ces braves, leurs physionomies, des épisodes de leur vie de lutte, dignes de l'histoire, pour les faire connaître aux gens qui, depuis 1914, n'ont su de la guerre que ce qu'ils en lisaient dans leur journal.

J'incline la tête; mais avant que j'aie répondu, une voix s'exclame gaiement près de nous, celle de père:

—Eh bien?... eh bien? ce portrait?... Il me semble qu'on ne travaille guère!

Et il serre la main de Guisane, qui réplique:

—Cher monsieur, vous arrivez pendant le repos du modèle.

—J'imagine que vous n'avez pas l'intention de reprendre la séance? Mon ami, il est onze heures un quart et vous oubliez l'approche du déjeuner...

Si tard déjà?... Comme nous avons causé! Voici Kate qui vient chercher Jean, et Nounou qui emporte ma pouponne, après me l'avoir amenée toute fraîche, ses petits bras tendus vers moi. Tandis que je l'embrassais, père a poursuivi:

—Je t'apporte une bonne nouvelle, Mireille. Ta mère vient de recevoir une dépêche de ton frère. Il arrive demain matin.

Nous avons, Guisane et moi, la même exclamation de plaisir. Père achève:

—Je n'ai pas besoin de te dire que ta mère est exultante!

—Et vous aussi, père.

—Bien entendu, fillette. Voyons ce portrait, Guisane.

Tous, nous nous rapprochons du chevalet abandonné. Et père aussitôt a une exclamation enchantée:

—Mon ami, c'est une façon de chef-d'œuvre que vous avez fait là! Ne pensez pas, en votre for intérieur, que c'est un jugement d'amateur... Je suis bien certain que les critiques compétents seront de mon avis. C'est notre Mireille elle-même qui vit là!... Et quel incomparable cadre vous lui avez donné, de lumière, de ciel... de mer... Et cette lande qui fuit dans le soleil... Ah! mon cher garçon, quel artiste vous êtes!

Père est si sincèrement ravi que Guisane ne pourrait, je crois, recevoir meilleur remerciement. Moi, je regarde cette jeune femme, toute mince dans sa robe noire, qui, les mains croisées sur ses genoux—d'un geste découragé...—contemple la mer, avec des prunelles tristement songeuses.

Et c'est moi, la rayonnante Mireille de jadis.

10 août, soir.

Le couchant était dans toute sa splendeur quand nous sommes sortis de l'hôtel; si beau que, mère voulant se reposer un peu dans sa chambre, j'ai entraîné père sur la falaise pour voir la merveilleuse fête flamboyer derrière Roscoff.

Nous avons retrouvé, parmi beaucoup de promeneurs, Guisane, qui, lui aussi, s'absorbait dans l'éblouissante vision de ce paysage de rêve, or et pourpre. La mer était une ondulante nappe de lumière et, sur le ciel incandescent, se découpaient, sombres, les silhouettes de Saint-Pol et de Roscoff.

Père, sans respect pour la contemplation de Guisane, est allé vers lui et lui a frappé sur l'épaule:

—C'est un spectacle digne de vous, monsieur l'artiste... Même un profane comme moi comprend qu'il vous paraisse admirable.

Ici, il est interrompu par le passage de son collègue et ami, le baron de Survières, qui le hèle; et tous deux se mettent à causer, en regardant la fantasmagorie de l'horizon.

Moi, silencieuse, comme Guisane, j'admire, et c'est inconsciemment que je murmure:

—Que c'est beau!... Mon Dieu, que c'est beau!

Avec une conviction enthousiaste, j'entends Guisane répéter:

—Oh! oui, c'est beau!... Beau à donner l'oubli de tout ce qui n'est pas cette beauté!

L'oubli!... Le mot m'est allé droit au cœur. Je ne veux pas que rien me fasse oublier. Ce serait si mal!... Je n'ai pas le droit d'oublier.

Et pourtant, Guisane a raison. Il y a un instant, en moi aussi, le souvenir s'est tu, tandis que je regardais... Et avec une humilité, trempée de combien de mélancolie! je songe tout haut:

—Que facilement nous nous évadons de ce qui nous fait souffrir!... De quoi donc sont-ils pétris nos cœurs, pour se laisser si aisément distraire!

Je sens aussitôt sur moi le regard de Guisane qui s'est détaché du ciel devenu de nacre rose, et je l'entends me répondre:

—Ne soyez pas aussi sévère pour nos cœurs; et acceptez que la nature bienfaisante nous permette de reprendre des forces, en s'emparant parfois de notre peine. Nous n'oublions pas. Nous subissons seulement la détente nécessaire pour que notre pauvre machine humaine puisse continuer sa tâche...

Je murmure, les yeux perdus vers l'horizon assombri:

—C'est vrai... Il faut la remplir tant qu'on en a la force et le courage!

Dans la nuit qui tombe, je l'entends me répondre avec une sorte d'autorité vivifiante:

—Cette force, vous l'aurez toujours, parce que vous savez que vous avez charge d'âmes. Mais, pour la garder, acceptez sans scrupule ce qui peut encore venir de bon, à vous...

J'ai un involontaire geste d'épaules, car je sens le découragement s'abattre sur moi. De la vie, je n'attends plus rien et je dis,—dans ma voix je reconnais bien une ironie amère:

—Ce que vous m'offrez, c'est la «théorie des *petits bonheurs*». Croyez bien que, peu à peu, je m'apprends à la pratiquer,—bon gré, mal gré! L'épreuve aussi est une éducatrice, habile autant qu'impérieuse. Dans ma misère, je m'accroche, ainsi que vous me le conseillez, à ce qui est un pâle rayon de soleil pour mon faible cœur, toujours transi, maintenant...

—C'est-à-dire?... insiste-t-il, avec un accent où je perçois tant de chaude et vraie sympathie que je ne me rebelle plus, comme autrefois, sentant sur moi sa pensée observatrice; et avec une âpre tristesse, j'explique légèrement:

—C'est-à-dire la jouissance de contempler un beau ciel comme celui de ce soir... une fleur, un visage séduisant, d'entendre une sincère parole d'ami, toute pleine d'affection, de recevoir une bonne lettre, de lire des pages qui me prennent le cerveau et le cœur, etc., etc... Que sais-je encore?... Ah! oui, je puis en parler, des *petits bonheurs*!

La nuit maintenant nous enveloppe, une nuit transparente où semble errer encore un reflet du radieux couchant. La brise est chaude et de la terre monte un indéfinissable parfum de fleur, d'ajonc, de bruyère, de menthe... Derrière nous, père et M. de Survières vont et viennent en causant; la lueur de leurs cigares pique la nuit de minuscules étoiles rouges.

—Vous avez raison de recueillir les menues joies dont l'existence quotidienne veut bien nous faire l'aumône...

Alors, j'avoue, bien sincère:

—Hélas! ma sagesse, sur ce point, est encore terriblement rudimentaire! Que c'est donc horrible et lâche, ce besoin d'être heureux, qui demeure vivace dans nos cœurs, même brisés!

—Vous ne pouvez empêcher les fleurs de pousser! J'en ai vu surgir jusque dans les terres déchiquetées par les obus, dit-il avec une sorte de douceur grave.

—Ah! je crois bien que, maintenant, mon cœur ressemble à ces terres ravagées, et mes frêles bonheurs, à vos fleurs de guerre! Les jours qui passent m'enseignent à m'en contenter... Il le faut bien! Seulement, comme j'étais très gâtée, très riche, et... très gourmande, ils m'apparaissent des miettes, de ces bonbons qu'on croque pour tromper la faim... J'apprends le jeûne!

Du même ton, qui est un cordial pour ma faiblesse, il achève:

—Je pense, moi, qu'étant donnée votre force morale, vous trouverez le secret de recommencer à vivre avec l'intensité qui vous était familière...

De mon cœur désespéré, une plainte jaillit:

—Ce ne sera plus jamais ce que c'était!

—Non, ce sera autre chose... Mais vous n'êtes plus la même... Ce qui, autrefois, vous satisfaisait, vous paraîtrait peut-être insuffisant aujourd'hui...

Il a raison. La Mireille de jadis est bien partie pour ne plus revenir. Celle du présent vaut-elle mieux?... Que ce serait douloureux d'avoir changé en bien, parce que le bonheur m'a été arraché!

Père m'appelle. Sans avoir répondu à Guisane, je le rejoins. Et tous trois causant de choses quelconques, lui et Guisane me ramènent à mon *home* solitaire.

11 août.

Bernard, mon cher grand frère, est arrivé. Nous sommes allés le cueillir tous—autrement dit, maman, père, moi, plus Jean...—à la station de Henvic. Et nous l'avons vu émerger de son wagon, un peu maigri, la figure altérée un brin sous le hâle du grand air, mais toujours le beau garçon qui nous a quittés en 1914.

Jean le contemple extasié; comme maman, à qui la joie donne tant d'éclat que Bernard s'est exclamé dès que nous avons été installés dans le primitif équipage qui nous ramène à Carantec:

—Mère, vous êtes, plus que jamais, ma jolie maman! Comme la Bretagne vous réussit... Personne ne voudra croire que je suis votre fils!... Maman, je suis fière de vous.

Maman tentait bien de le faire taire, mais elle avait un sourire heureux qui ne lui imposait guère silence. Certainement, ses paroles la frôlaient comme une caresse. D'ailleurs, Bernard disait vrai. Elle était bien la femme charmante dont père, dont nous, ses enfants, avons toujours été fiers. Ses yeux étincelaient dans son visage reposé. Ah! oui, elle avait l'air de notre sœur aînée, à Bernard et à moi...

Père, lui, parlait très peu, mais son regard ne quittait pas Bernard. En ces premiers moments, il lui suffisait de l'écouter causer, questionner, raconter, avec l'enthousiaste gaieté d'un gamin qui entre en vacances; et il savourait la douceur de se dire: «Mon Bernard est là, vivant, tout près de moi. Jouissons de cette grâce sans prix!»

Moi, tout bas, je me souvenais, au plus profond de mon cœur, des quelques retours de Max, joyeux comme celui-ci. Bernard en avait-il l'intuition? Par instants, ses yeux se posaient sur moi avec une sorte d'affection anxieuse... Et puis, peu à peu, après le heurt douloureux de l'arrivée, je me suis volontairement laissé gagner par son entrain; et je me suis amusée de ses réflexions ravies sur notre petit Carantec qui lui souhaitait la bienvenue sous un éblouissant soleil.

—Dieu, que c'est gentil ici! J'espère qu'il s'y trouve beaucoup de jolies femmes. Si vous saviez, mère, comme je suis affamé d'en voir, après avoir tant contemplé de braves *poilus*!... Sûrement, vous avez déjà ici beaucoup de belles connaissances. Vous donnerez des thés, n'est-ce pas, pour que je me retrempe un peu dans les plaisirs de ce monde?

—Pourquoi pas des *garden-parties*, mon grand enfant chéri? fait maman ravie.

Elle retrouve son Bernard, pas très raisonnable, coupable de bien des folies, mais de cœur si bon, d'esprit si spirituellement drôle, dont la gaieté est aussi inaltérable que communicative...

Et elle s'empresse de lui donner les plus agréables assurances:

—Sois tranquille, mon Bernard, nous ferons en sorte que ta permission soit telle que tu peux la souhaiter!

—Un paradis terrestre, si vous voulez bien, mère. Je ne vous demande que cela!

Ici, il a sauté de la voiture qui s'arrêtait devant le *Kelenn*; et incontinent, avec sa bonne humeur courtoise, il a conquis la grosse femme de chambre qui s'approchait pour lui prendre sa valise.

—Merci! la belle fille... Ne vous emparez pas de mon bagage. Je l'emporte.

En effet, l'hôtel étant comble, Bernard a sa chambre dans la villa dont j'occupe le premier étage. Aussi, laissant père et maman au *Kelenn*, nous filons pédestrement, lui et moi, plus Jean qui ne veut pas quitter son oncle, afin que je lui montre son logis.

Et, tout de suite, alors, il me demande, l'accent changé, passant son bras sous le mien:

—Comment vas-tu, ma pauvre chérie?

—Aussi bien qu'il est possible, Bernard.

—Oui, tu es très courageuse, je le sais...

—Tu sais? ai-je répété, surprise.

—Guisane me l'a dit. Ton énergie le remplit d'admiration. Il m'a écrit sur vous, madame, de bien jolies choses!

J'ai senti qu'une légère flamme montait à mes joues. En cette minute, j'aurais été bien en peine de préciser si je trouvais désagréable ou non cette appréciation inattendue de mon nouvel ami. Mais bien franche, j'ai murmuré:

—Pourquoi t'avoir parlé de moi?... Je suis désireuse que personne ne me sorte de mon ombre!

—Ne lui en veux pas... C'est à ton vieux frère qu'il s'adressait, et il le faisait très affectueusement! me disant combien il était heureux que vous fussiez devenus amis.

—Tu sais pourquoi, Bernard?

—Oui, il m'a raconté cela aussi.

Je n'ai pas répondu, d'autant que nous arrivions devant la villa, aussitôt présentée par Jean avec des cris répétés, pour appeler l'attention de Bernard:

—Oncle! Oncle! voici notre maison! Voyez, votre chambre est au deuxième, au-dessus de celle de maman, et la fenêtre est grande ouverte pour que le soleil y entre. Ce matin, maman est allée y porter des fleurs avec moi!

Bernard m'a remerciée par un baiser:

—Maman est une femme délicieuse! Allons vite voir ma chambre.

—Et retournons non moins vite au *Kelenn* pour déjeuner. Père, qui est l'exactitude même, va s'agiter en voyant passer l'heure.

Bernard s'est à peu près dépêché, sans trop s'absorber dans l'examen du paysage qu'il me célèbre de sa chambre, tandis que je l'attends dans le jardin.

—Tu viens, Bernard? La brise m'apporte le son de la cloche.

Nous sommes repartis en hâte, moi presque gaie, tant l'humeur joyeuse de Bernard était entraînante. Comme la grille retombait derrière nous, du sentier qui lui fait face, une promeneuse émergeait, qui lui a jeté aux lèvres une enthousiaste exclamation:

—Oh! la ravissante créature! Mais... mais... Oh! Mireille, quelle ressemblance...

—Avec?...

—Avec Mlle de Vologne...

La promeneuse, qui approchait toujours plus, s'est arrêtée, souriante, à notre vue et m'a lancé un affectueux:

—Bonjour! madame. Voici votre voyageur arrivé?

Et j'ai répondu, avec un imperceptible coup d'œil de malice vers mon compagnon:

—Bonjour, mademoiselle Christiane. Mon voyageur ne peut croire que ce soit bien vous qu'il aperçoit!

—Pourtant, c'est bien moi!... Pas mon ombre! s'est-elle exclamée gaiement, la main tendue. Monsieur Dalbrovine, cela me fait plaisir de vous voir!

—Sûrement pas autant qu'à moi! a-t-il répondu avec une spontanéité qui avive l'éclat rosé des joues de Christiane. Comment, Mireille, m'avais-tu caché la bonne nouvelle, que je retrouverais à Carantec... si j'osais, je dirais une amie, des jours heureux d'autrefois!

—Osez, osez... Je me souviens très bien que dans ce temps, devenu si lointain, entre deux bostons, nous échangions, assez volontiers, quelques idées.

—Ici, j'espère bien que nous allons reprendre cette bonne habitude!...

J'interviens, un peu effrayée du flot de sympathie que je sens bondir entre ces deux êtres jeunes, attirés comme jadis, l'un vers l'autre, avec des esprits plus mûrs, des cœurs creusés par la terrible épreuve. Vraiment, ils sont aujourd'hui, moralement, un homme et une femme qui, les yeux large ouverts, pourront juger de la façon dont ils doivent disposer d'eux-mêmes.

J'ai expliqué en deux mots pourquoi Christiane est ici; et si Bernard a eu vers elle un regard expressif d'approbation, il n'a rien dit qui ressemblât à un éloge, devinant bien que cette fille simple et fière n'accepterait pas l'ombre même d'un jugement flatteur...

Tous les trois nous trottons dans le sentier qui nous amène sur la place de l'église, devant le *Kelenn.* Je tiens la main de Jean, et devant moi cheminent mes deux compagnons qui causent, lui, radieux, elle, avec cette aisance voilée de réserve qui la caractérise...

Mon Dieu! que va dire maman de les voir ainsi réunis,—si vite!

Heureusement, comme nous débouchons sur la place, un nouveau venu apparaît, Guisane qui revient de la falaise avec sa boîte et ses pinceaux. Il a une exclamation de plaisir à la vue de Bernard:

—Alors, vieux, te voilà! Quelle bonne chance de nous retrouver ici! Nous allons en jouir de notre mieux!

Christiane et moi, nous les laissons en arrière. Et ainsi, mère n'éprouvera nulle impression désagréable qui trouble son allégresse d'avoir retrouvé Bernard.

Mais ce soir... Mais demain....

20 août.

Déjà une grande semaine que Bernard est ici. Comme elle a passé vite!

Est-ce donc qu'il est impossible d'échapper au tourbillon joyeux que son animation crée autour de lui?... Je ne me reconnais plus. Quelle soudaine influence a le pouvoir d'engourdir mon mal?...

Certes, il est toujours latent, prêt à se réveiller au moindre choc... Mais il est plus sourd; et cet apaisement fugitif est si bon que, tout en me reprochant ma lâcheté, je n'ai pas le courage de raviver volontairement ma peine.

Je me laisse vivre dans l'heure présente, sans regarder ni en avant ni en arrière.

Il me revient l'appétit de mouvement qui m'enivrait aux jours lumineux de ma jeunesse... Voici..—je m'en aperçois, saisie!—que je peux jouir de ce qui amuse les autres: excursions, promenades flâneuses, causeries, rendues charmantes par l'humour de Bernard, la gaieté de Christiane, la verve de père qui, devenu touriste faute de distractions citadines, se fait souvent notre «chaperon», comme il dit... Et puis, pour assaisonner nos propos capricieux, l'esprit mordant ou profond de Guisane, que Bernard a le pouvoir d'arracher, de-ci, de-là, à ses pinceaux.

Il me semble que, soudain, c'est en rêve que je vis... Je n'ai plus le loisir ni même le goût d'écrire. A peine je trouve un moment pour lire quelques pages, chaque jour, moi, d'ordinaire insatiable.

Bernard, résolument, m'entraîne dans son sillage par une affectueuse volonté de «me distraire», prétend-il. Mais il m'attire aussi, mon cher grand, afin que Christiane puisse être des nôtres dans les promenades qu'organise son inlassable activité.

Il s'est fait présenter partout où il a l'occasion de la retrouver; dans les milieux où elle fréquente; au tennis; après avoir, bien entendu, commencé par se faire admettre chez sa tante de Kermadec, avec laquelle, maintenant, nous sommes fort liés.

Mère elle-même a subi son charme de femme intelligente, très bonne, et ne s'étonne pas que, pour elle, je sorte de ma retraite.

Bernard, de plus, s'est découvert un goût prononcé, le goût de Christiane, pour les promenades en mer. Et là-dessus, la nature m'ayant gratifiée—au physique—d'un cœur à toute épreuve, il me réquisitionne sans merci, pour les escorter; car père se récuse en la matière. Il réquisitionne aussi Guisane qui adore la mer, et se laisse aisément séduire. D'ailleurs, quand les eaux sont très calmes, que Bernard n'a pas besoin de son aide pour ramer ou pour la manœuvre, il ébauche bien vite quelque aquarelle, réfugié dans un coin de la barque.

Tranquillement, Bernard, tout à fait retombé sous le charme de Christiane, m'a déclaré:

—Les parties carrées sont beaucoup plus agréables! Et puis, Patrice étant un causeur exquis, tu ne peux regretter que je te confie à lui, pendant que...

—Tu flirtes avec Christiane! ai-je glissé, taquine.

Il a spontanément répliqué avec une gravité soudaine, très rare chez lui:

—Ce n'est pas flirter que je veux... Elle mérite tellement plus!

Et il a raison.

Que cela m'est doux et poignant de voir ce joli roman se préciser près de moi... Avec Max, nous avons été ainsi... Moins sérieux que ces deux-là! Mais Bernard et Christiane ont subi le rude souffle qui vivifie ou qui tue, depuis trois ans; et ce que j'aime en eux, c'est que, même en ces jours de halte,—pour elle comme pour lui,—ils conservent, toute vibrante, la pensée de la guerre que, l'un et l'autre, ils suivent passionnément. Elle, c'est une vraie fille de soldat; et lui, a une âme bien française, allégrement intrépide et généreuse...

De lui, que pense-t-elle?

Rien ne trahit son intime jugement. Car elle est très «fermée», malgré son indépendance de pensée, de parole, d'action. Indépendance naturelle, mais aussi, avivée par le fait des circonstances qui l'ont habituée à compter sur sa propre protection, sur son initiative personnelle et exercée aux décisions nettes et rapides.

La ligne bien droite de son nez fin, l'expression résolue de sa bouche dont le sourire très féminin est délicieux, m'apparaissent toujours comme le symbole de sa personnalité morale, qui semble faite de loyauté, de charme et de tendresse.

Avec Bernard, elle se montre ce qu'elle est pour tous, une jeune créature qui se *prête* avec une grâce prime-sautière, mais ne se *donnera* sûrement qu'à bon escient; d'une originalité d'esprit, derrière laquelle se devinent la pensée qui a beaucoup réfléchi, l'âme profonde.

Comme je les observe avec la clairvoyance de mon détachement, je discerne le plaisir qu'elle trouve à causer avec Bernard, à recevoir les menus soins dont il l'entoure dans nos promenades. Mais dans sa manière d'être avec lui, il n'y a pas un atome de coquetterie; seulement un brin, volontaire ou non, de fraîche camaraderie, parce que tous deux «servent le pays»: elle, une infirmière, lui, un «poilu galonné», comme elle dit drôlement.

Ah! ces petits, s'ils pouvaient être heureux! Mais les laisser ainsi se rapprocher l'un de l'autre, n'est-ce pas insensé, en ce moment où l'avenir est encore effrayant!

Ici, ils peuvent oublier, pendant quelques jours bénis, que l'horrible tuerie continue... Que Bernard va repartir et pour combien de temps!... Et qu'il sera exposé... qu'il s'exposera comme faisait Max... Et alors?...

23 août.

Maman pense-t-elle tout bas que, dans les circonstances actuelles, aucune décision définitive n'est à craindre de la part de Bernard?... Ou est-elle séduite par la beauté de Christiane? car elle a cela de charmant, que les jolis visages l'enchantent... Subit-elle l'ascendant de sa valeur morale? Ou, tout simplement, se sent-elle impuissante devant la force grandissante du sentiment de Bernard?...

Toujours est-il qu'elle n'essaie plus d'endiguer le flux qui le porte vers Christiane. D'ailleurs, elle est si heureuse de l'avoir près d'elle, qu'elle n'a, pour l'instant du moins, d'autre volonté que la sienne.

Tout ce qu'il lui demande, elle le fait,—c'est son habitude, il est vrai...— Elle donne les *thés* qu'il désire où Christiane vient comme mon amie. Elle va à ceux qu'on lui offre, en l'honneur de Bernard. Car il est très «couru» et l'accepte si volontiers que mère en oublie un peu sa contrariété de ce que je ne peux encore me résoudre à les suivre... Ma peine demeure plus forte que mon désir de lui être agréable, en redevenant mondaine. C'est si inutile!

Auprès de mes petits seulement, ou avec moi-même, en m'occupant beaucoup, je suis moins malheureuse...

Mais, en revanche, je suis toujours prête pour une promenade, en intime société, c'est-à-dire avec Bernard, Christiane, père, Guisane. Maman déteste la marche.

Mon amour de la nature a survécu au désastre de mon existence. J'ai gardé ce que Max appelait «mon adoration pour l'herbe»... Je le vois encore me dire avec malice: «Quelle jeune ruminante tu es! ma Mireille.»

Christiane mériterait bien pareil compliment. Avec la même spontanéité, il nous échappe, en cours de route, des exclamations laudatives qui nous valent les taquineries de Bernard.

Non pas de Guisane, que je surprends souvent à contempler ce qui le charme, avec une attention intense dont je devine le pourquoi, me souvenant de la crainte instinctive pour sa vue qu'il nous a avouée un jour.

Hier encore, il avait cette expression, alors que, tous, nous étions arrêtés, dans un petit bois exquis, clair, grâce à l'éparpillement des sapins parmi les bruyères de la lande; qui dominait de haut l'embouchure de la rivière couleur d'argent, devant le fort du *Taureau.*

Il s'est aperçu que j'avais remarqué son regard; et alors, presque bas, peut-être autant pour lui-même que pour moi, je l'ai entendu murmurer, l'accent railleur:

—En prévision de l'avenir—possible!...—il est sage d'emmagasiner les visions pour avoir, du moins, de quoi se souvenir...

Il parlait avec une conviction froide qui m'a bouleversée. On aurait dit que sa préoccupation entrait en moi, impérieuse.

Pourtant, j'ai pu trouver un sourire, pour prier:

—Ne soyez pas un homme de peu de foi en la destinée!... A quoi bon s'inquiéter de l'avenir qui, presque jamais, n'est tel que nous l'imaginions...

Lui aussi a souri, et son sourire était franchement gai. Peut-être, il trouvait amusant qu'une chétive créature comme moi s'essaye à le réconforter.

—Madame, je vous assure que, de toute ma volonté, je vis dans le présent. C'est une règle inflexible que je me suis imposée. Et, de mon mieux, je m'y conforme. Mais je ne parviens pas toujours à écarter la hantise qui m'obsède, absurdement, je le reconnais... Rien ne la justifie!...

Il s'est arrêté un peu, comme s'il hésitait. Mais, sans doute, il a vu dans mon regard avec quel intérêt je l'écoutais, et il a fini d'un ton de badinage voulu:

—Soyez très charitable, madame!... Faites des vœux... pour que je puisse toujours peindre! Priez pour mes yeux, madame.

Une angoisse m'a crispé le cœur. Prier! A quoi bon?... J'ai tant supplié pour que Max soit sauvé! Maintenant je ne demande plus rien. Ma confiance est morte, dans la puissance de la prière...

Mes supplications, probablement, étaient de trop mince valeur pour mériter d'être entendues... Mais j'offrais ce que je pouvais... Du meilleur de mon âme...

Et j'ai répondu avec toute ma désespérance:

—Hélas! ce ne sont pas mes vœux qui peuvent protéger... J'aurais peur, au contraire, qu'ils ne portent malheur...

Je me suis remise lentement à marcher pour rejoindre les autres qui me faisaient signe d'avancer; Guisane me suivait en silence, dans le sentier odorant de la senteur des pins dont le soleil moirait les fûts violets. Puis, tout à coup, il a repris pensivement:

—Madame, ce n'est pas à un vieux sceptique de mon espèce de juger votre sentiment. Mais... est-ce parce que là-bas, au front, il m'est arrivé de rencontrer quelques âmes admirablement religieuses que j'ai observées et interrogées avec une curiosité... passionnée, je suis, je crois, un peu moins mécréant; et il me semble que...

—Que?... ai-je répété, toute ma pensée attentive.

—Que, si nous admettons l'hypothèse d'une puissance paternelle qui veille sur nous, par suite, nous devons admettre aussi que nos demandes ressemblent à celles des enfants confiants qui savent que le père décidera toujours pour leur bien si leurs prières doivent, ou non, être exaucées...

J'étais tellement stupéfaite, d'entendre Guisane parler ainsi, cette fois sans une ombre d'ironie dans l'accent, que je me suis arrêtée; et mon regard cherchant ardemment le sien, j'ai interrogé:

—Vous pensez cela vraiment?... Vous ne parlez pas seulement par bonté?... Pour me rendre courage?...

Il a secoué la tête.

—Très sincèrement, madame, je pense ce que je viens de vous dire... ce qui me paraît la logique même... Mais hélas! je sais par expérience qu'il y a loin de l'idée à la pratique... Et je vous comprends!

Je n'ai plus répondu, car père, Bernard et Christiane nous rejoignaient.

25 août.

Quelle équipée Bernard nous a value, hier!

Vers trois heures, comme j'écrivais en gardant Bébé, il a surgi dans ma chambre pour me proposer, du ton le plus engageant:

—Mireille, un tour en mer, veux-tu? Patrice et Mlle Christiane sont tout disposés. Mais, une fois de plus, il me faut ton chaperonnage. Tu consens, n'est-ce pas?

J'ai un coup d'œil vers le ciel où, malgré le soleil, courent d'épais nuages, amenés par des rafales incessantes; et, peu enthousiasmée, j'insinue:

—Mais, Bernard, le vent ne sera-t-il pas bien fort?

—Qu'est-ce que cela fait, puisque tous, nous avons des cœurs invincibles. Nous danserons peut-être un brin. Et ce sera exquis! Alors, c'est convenu?

Il me regarde avec ces yeux suppliants auxquels je ne sais rien refuser. Et je cède.

—Allons! puisque tu en as tant envie et si tu crois que ce n'est pas imprudent!

—Mais non!... Mais non!... Pour te tranquilliser, nous pourrons emmener le père Le Goannec. Prépare-toi vite, chérie, et viens.

Il est radieux, et repart en bombe comme il est venu.

Je ferme mon buvard; je remets ma pouponne à sa nourrice; et bien enfermée dans mon chandail, mon béret de laine enfoncé jusqu'aux sourcils, je cours au lieu de l'embarquement.

Ils sont déjà là et m'attendent aussi impatients que des bébés. Pas de père Le Goannec. Il n'était pas libre. Donc, nous embarquons sans lui.

Et l'exquise flânerie commence. Nous sommes plutôt rudement ballottés; ce dont nous n'avons cure. Bernard dit des folies drolatiques; Christiane et Guisane ripostent, chacun à sa manière. Moi je les écoute distraitement et reste silencieuse, me laissant griser par la brise violente, par le soleil qui nous brûle entre les nuées d'orage; par la senteur et l'éclat de l'eau miroitante... Et aussi par la sollicitude dont m'enveloppe Guisane qui, à tout instant, m'interroge:

—Vous êtes bien?... Vous n'avez pas trop chaud?... Nos bavardages ne vous fatiguent pas?...

Ah! je n'aurais jamais soupçonné à quel point il me semble doux de retrouver une protection masculine—celle d'un ami.

Guisane, entre temps, s'extasie sur la lumière qui flamboie autour de nous.

—Bernard, regarde ce reflet sur les cheveux de Mlle de Vologne!

Elle réplique:

—Ce que c'est qu'une imagination de peintre! Car vous ne voyez pas mes cheveux. Ils sont enfouis sous mon polo.

—Illusion! mademoiselle. Le vent a victorieusement fait sortir, dudit polo, de petites mèches indépendantes qui me sont un délice à contempler!... Ah! si j'avais mes pinceaux!... Et je prendrais aussi un croquis de Mme Noris...

—Encore?...

—Mais naturellement, je n'en ai fait qu'un!... C'est très peu, quand il s'agit d'une personne si riche en physionomies diverses. En ce moment, vous n'êtes plus du tout une grave petite madame.

—Que suis-je donc?

—Sauf votre respect, une gamine toute rose! me lance-t-il gaiement.

—Oh! jamais je ne suis rose!

—D'ordinaire, c'est vrai, vous feriez plutôt penser à un pétale de camélia blanc. Mais en ce moment, où le vent vous a très joliment fardée, vous êtes une autre Mme Noris dont mon insatiable avidité de peintre voudrait bien fixer la vision!...

Je le laisse dire, sourdement impatiente contre moi-même de discerner, au tréfonds de ma pensée, je ne sais quel plaisir puéril dans l'idée que mon visage a une certaine valeur, pour un artiste... Quel inepte réveil de ma coquetterie d'antan que je tenais pour morte!...

Je n'ai aucune envie de discuter ses appréciations sur ma modeste personne; je suis en appétit de farniente et le laisse, à sa fantaisie, nous crayonner, Christiane et moi...

Mais tout à coup, changement de spectacle. Tandis que nous étions occupés de nous-mêmes, à deviser, voici que le vent plus fort a amené vers nous de grosses nuées menaçantes derrière lesquelles disparaît le soleil. L'air est presque froid; et les vagues commencent à moutonner furieusement, à se creuser en courbes profondes qui se redressent, nous soulevant, comme aux montagnes russes... C'est, à mon gré, une impression charmante qui n'est pas troublée par l'exclamation de Guisane:

—Eh! Bernard, nous allons avoir un fort grain!... Il faut filer vite vers la côte!

Évidemment, c'est ce que nous devons faire. Mais il s'agit de le pouvoir. Et tout de suite, je vois que notre retour sera difficultueux. Christiane et moi, par bonheur, nous sommes à l'épreuve de toutes les émotions. Les péripéties aventureuses amusent ses vingt ans. Et à moi, tout est si égal, maintenant! N'étaient mes petits qui ont besoin de moi, comme je souhaiterais qu'une de ces lourdes montagnes d'eau m'emporte!... Quelques secondes d'angoisse... Le froid me glacerait... Je serais roulée, étourdie... Puis la vie m'échapperait... Et ce serait le repos... l'oubli... peut-être le retour vers Max... Ah! si je pouvais espérer cela!

Mes yeux ont-ils trahi quelque chose de l'âpre tentation qui a mordu mon cerveau?... Me suis-je inconsciemment penchée vers la mer, hypnotisée par la course haletante des vagues qui accourent vers nous, sans relâche?

Impérieuse, j'entends la voix de Guisane:

—Ne pensez pas ainsi des folies! C'est indigne de vous!

Je le regarde effarée. Aurait-il le don de divination?

Et une rougeur monte à mes joues glacées par le vent.

—Vous oubliez donc vos enfants qui n'ont plus que vous?

Je dis, me raidissant pour ne pas me trahir:

—Mais je compte bien que Bernard et vous allez pouvoir nous ramener...

—Naturellement. Toutefois, il ne faut pas que nous ayons encore à lutter contre votre imprudence, afin d'être bien libres d'esprit et de mouvements. Vous vous penchiez... Vous m'avez épouvanté. Vous ne recommencerez pas?... Vous me promettez?...

Il dit cela d'un ton rapide et autoritaire, mais d'un ton qui me donne un désir d'enfant de me confier; et telle une petite fille docile, je réponds:

—Je vous promets. Je n'avais aucune idée que j'étais imprudente... Je...

Mais ma phrase ne s'achève pas; car la vague que j'avais eu la témérité d'appeler s'abat sur moi, si rude, qu'elle me fait chanceler... Mes mains, d'instinct, s'accrochent au bras de Guisane qui les saisit.

Au risque de nous faire chavirer, Bernard et Christiane ont eu le même élan vers moi qui, tout de suite, me redresse et dégage mes mains.

—Ce n'est rien!... Ne vous agitez pas...

J'entends leurs exclamations s'entre-choquer:

—Ma pauvre Mireille, te voilà trempée!... Madame, enveloppez-vous dans cette pèlerine... Mireille, serrez-vous contre moi, pour avoir moins froid!...

Et Christiane m'attire avec une affection qui me donne chaud au cœur—faute de mieux!—tandis que Guisane essaie de me couvrir d'une cape qui n'est pas mon bien.

Il me regarde avec des yeux tellement inquiets que je me mets à rire, envahie par un étrange bien-être, en dépit de ma blouse mouillée qui colle à mes épaules et à mes bras, me gelant.

—Ne vous tourmentez pas pour moi. Je ne suis pas fragile du tout. Mais ramenez-nous le plus vite possible! Cela seul est intéressant!

Intéressant et pas commode! Christiane et moi, blotties l'une contre l'autre, nous contemplons nos deux marins improvisés qui luttent contre le grain, avec leur science très relative des choses de la mer; doublée, heureusement, d'un sang-froid et d'une résolution hardie qui, enfin! nous valent de regagner le rivage.

Nous sommes inondés, mais nous n'avons pas chaviré!

Père est là qui nous attend, si inquiet qu'il nous reçoit très mal, nous accable de reproches, même Guisane qu'il traite, comiquement, en petit garçon coupable d'une sottise.

—C'est idiot, des équipées pareilles! Comment des hommes comme toi, Bernard, comme vous, Guisane, pouvez-vous entraîner ces étourdies dans des promenades aussi dangereuses! Le Goannec était affolé, désolé de vous avoir loué une barque; et il m'épouvantait en s'exclamant toutes les cinq minutes que vous alliez vous noyer!

—Père, nous voilà!... Pas noyés! Permettez que, vite, nous rentrions en nos logis respectifs pour nous sécher!

Bernard et Guisane se défendent contrits et amusés de l'indignation de père qui m'apostrophe:

—Toi! une mère de famille! t'exposer sans rime, ni raison!

—Père, nous avons fait une si bonne promenade! Ne nous grondez pas!...

—Une bonne promenade!!! Eh bien, ma petite fille, tu n'es pas difficile!... Et vous aussi, n'est-ce pas, mademoiselle...

Il se tourne vers Christiane qui trotte alertement, bavardant avec Bernard, sans souci des foudres de père:

—... vous êtes enchantée? Imprudente créature!

—Oui, c'était très amusant, ce semblant d'aventure... Et puis, nous avions de si braves protecteurs que nous ne pouvions rien craindre!

—Des marins de rencontre!... Enfin, je prêche dans le désert, puisque vous êtes tous ravis! Mais ne recommencez plus! Bernard, va dire vite à ta mère que vous êtes revenus... Tu la connais, elle vous voyait tous déjà au fond de l'eau.

—Tout de suite! Mademoiselle Christiane, je vais prévenir chez vous en passant.

J'entends Guisane me demander un peu bas:

—C'est vrai?... Vous ne regrettez pas trop cette vilaine heure?

Et, spontanée, je réponds ce qui est, pour moi, l'absolue vérité:

—La regretter!... Elle m'a paru délicieuse.

—Pourquoi?

Pourquoi?... Soudain, je comprends qu'en dehors de l'enivrement du vent, de la houle berceuse, de la bonne odeur saline, il y a eu pour moi, dans cette promenade, la douceur retrouvée de me sentir protégée comme jadis, d'être l'objet d'une chaude sollicitude... Et c'était bon!...

Mais cette impression, je ne l'avoue pas et réplique en riant:

—Il y a des sentiments qui ne doivent pas être analysés, surtout quand ils sont très déraisonnables, comme dirait père. Merci d'avoir si bien veillé sur moi.

Il a ce sourire qui me fait tant de bien:

—C'est que je me sentais charge d'âme, ayant constaté que vous ne preniez aucun soin de vous-même! Voilà, madame, la vérité.

Et nous nous séparons devant mon logis.

26 août.

Je me suis réveillée, ce matin, avec le sentiment d'indéfinissable allégresse que j'ai rapporté de notre promenade mouvementée et qui me fait une âme que je ne reconnais pas...

J'ai joué, aussi gaie que Jean, avec Bébé que sa nourrice avait déposée sur le tapis de ma chambre où elle se roulait contre moi, comme un petit chat câlin.

Et puis, le courrier m'a apporté deux lettres qui m'ont rendue songeuse. L'une de ma pauvre belle-mère qui, discrètement, avec sa douceur triste et tendre, me rappelle que je lui ai promis ma visite et celle de mes poupons, pour le début de septembre, à la *Commanderie*. Et j'ai si peu la pensée de quitter Carantec!... On dirait que j'y perds la notion du temps. J'y aurai connu le pâle bonheur des limbes.

L'autre lettre était de Maud qui m'écrivait:

«Chérie, je quitte Dinard cette semaine pour retrouver, à Morgat, mes amis de Vaussay qui y sont en villégiature. Et, en passant, j'irai t'embrasser à Carantec, si tu veux bien de moi. Il me semble ne t'avoir pas vue depuis une éternité! Et il me serait terriblement utile de me retremper dans ton incroyable sagesse; car je ne suis pas, comme toi, une veuve exemplaire... Maintenant que la guerre m'a faite libre, je sens s'aviver mon appétit de recommencer ma vie de femme, manquée une première fois... Aussi ai-je grand besoin de la haute raison de ton père, de sa prudence clairvoyante, surtout en ce qui concerne la question «financière». Pour le reste, je me débrouillerai bien seule... Mais il me faut, à coup sûr, et ensemble si possible, l'argent et l'amour... Ni de l'un, ni de l'autre, je ne puis me passer!

«Donc, sauf contre-ordre de ta part, à bientôt, ma belle petite Minerve. Aime toujours, par pitié du moins,

«Ta vieille MAUD.»

J'ai lu, puis relu encore, ces lignes tracées en hauts caractères capricieux; comme Maud elle-même... Et tout m'a soudain paru changé autour de moi et en moi. Le rayon de soleil avait disparu de mon âme qui devait ressembler à un ciel tourmenté, où montent des nuées sombres...

A ma honte, je me découvrais un égoïsme que je ne soupçonnais pas. Maud a évidemment besoin de nous. Car elle est tout à fait sans protection,—sa vieille grand'mère paralysée ne compte pas...—depuis que son mari a été tué dans l'armée russe, un peu après Max... Une délivrance pour elle! a-t-il semblé à tous. A moi, elle a dit un jour:

—Certes, je ne souhaitais pas sa mort... Mais comme je respire mieux, maintenant que je suis libre!

Elle a besoin de nous... Et pourtant je regrette qu'elle vienne!

Pour la première fois depuis mon malheur, je me mouvais dans une sorte de rêve apaisant; et sa venue m'est un réveil qui me rejette en pleine réalité...

Et puis, elle présente, c'en est fait, pour mes derniers jours à Carantec, de la liberté qui m'était précieuse... Pour de complexes raisons, je m'effraie de la voir arriver.

Elle est si étrange dans sa manière d'être avec moi, depuis quelques années... Quelquefois tendre avec une sorte d'emportement, et ensuite, sans raison, fuyante, brusque, presque agressive.

Nulle plus qu'elle, peut-être, n'a paru comprendre ma souffrance d'avoir perdu Max. Elle a versé avec moi des larmes jaillies de son cœur même... Je ne pouvais m'y tromper. Quelles affinités y avait-il donc entre eux, pour qu'elle sentît à ce point ce qu'il était?...

Pourtant, c'était bien moi, sa bien-aimée...

Ah! qu'elle est mystérieuse et inquiétante,—toujours cet adjectif me revient quand je parle d'elle...—l'amie de ma jeunesse, pour qui j'ai, si profonde, la pitié qu'elle me réclame. Pauvre flamme qui vacille à tous les vents...

Enfin, elle vient.

Maman en a eu l'air très ennuyée, et père a effilé sa barbe courte. Je l'ai annoncée à Guisane, telle un incomparable modèle. Et il m'a répondu légèrement, lançant dans l'espace la fumée de sa cigarette:

—Oui, elle est très intéressante de type et de nature... Je la connais... Je l'ai déjà étudiée avec délices chez Mme votre mère, dans le monde et chez elle aussi... Car j'y ai été reçu.

Incrédule, j'ai interrogé:

—Et elle ne vous a pas subjugué?

Il s'est mis à rire.

—Non!... Et je ne comprends pas pourquoi je me suis montré invulnérable. Sans doute, mon cerveau était trop occupé à observer son originale personnalité!

Avec délices, comme il dit, il va pouvoir reprendre l'étude de cette «originale personnalité...»

28 août.

Maud est arrivée en coup de vent. Elle a fait à table d'hôte une entrée sensationnelle. Tous les yeux, jeunes et vieux, se sont incontinent arrêtés sur elle, admiratifs. Maman a regardé, un peu sévère, sa bien «relative beauté», dit-elle; et Guisane l'a détaillée d'un coup d'œil ravi. Son sens artistique se délectait à observer ce visage laiteux, aux lèvres un peu lourdes, faites pour les longs baisers d'amour; les yeux dont le regard filtre, indéchiffrable, brûlant et câlin, à l'ombre des cils. Elle était en blanc;—ainsi, elle porte encore son deuil; sa blouse très échancrée sur sa nuque coiffée d'or roux, sous la capeline de tulle... Et j'ai pensé tout à coup à l'impression que j'aurais éprouvée, si Max l'avait aperçue ainsi...

Après le déjeuner, Guisane est venu nous rejoindre devant l'hôtel, où les groupes sympathiques se forment invariablement après chaque repas.

Maud et lui ont renouvelé connaissance; et elle s'est mise à causer de sa manière fantasque, d'un imprévu hardi et savoureux, livrant avec une indifférence désinvolte les idées plutôt disparates qui volettent en son cerveau.

Guisane, amusé, lui donnait la réplique. Père aussi. Moi, de les voir si gais, je me sentais tellement éloignée d'eux, que, prétextant des lettres urgentes à écrire, je suis allée retrouver les enfants. Près d'eux, je souffre moins de ma solitude; l'adorable tendresse de Jean et surtout le sentiment que lui et Bébé ont besoin de moi, cette idée-là est mon viatique.

Maud est montée bientôt dans ma chambre. Elle était dans ses jours d'affection caressante; et, après un bon moment où nous avions causé, devant le portrait de Max, qu'elle ne cessait de regarder, tout en parlant, elle m'a lancé cette conclusion:

—Tu m'as l'air mieux! ma chérie. Au moral, s'entend... Car au physique, tu es redevenue la Mireille d'autrefois, avec quelque chose de plus... Et cela te va...

Je l'ai arrêtée court; je ne puis plus supporter l'ombre d'un compliment sur mon physique que Max aimait... Et j'ai répondu, l'accent un peu bref:

—Oui, le calme de Carantec m'a fait beaucoup de bien.

—Ah! tant mieux!... Si tu savais combien je voudrais que l'avenir te devienne doux! Si, pour cela, il m'était possible de t'abandonner la part de bonheur qui peut encore m'échoir, avec quelle joie je le ferais!

Il y avait une telle conviction dans sa voix que je n'ai pu prendre ses paroles pour une banale protestation. Vraiment, elle les pensait. Mais pourquoi cette excessive générosité?... J'en ai été embarrassée ainsi que d'un cadeau trop somptueux dont le motif échappe...

Pourtant, ma main a serré la sienne pour la remercier; et, détournant la conversation, j'ai interrogé:

—Et toi, Maud, qu'es-tu devenue?

—Moi?... Oh! moi, j'ai vagabondé de droite et de gauche...

Elle m'a cité plusieurs milieux ultra-chics où elle a été reçue cet été; des milieux où la guerre est aisément supportée.

Elle aussi la supporte sans peine. Ne lui doit-elle pas d'avoir recouvré sa liberté? L'homme qui est tombé là-bas en Russie, dont elle porte encore le nom, n'était-elle pas résolue à le quitter à jamais? Détachée de lui, autant que du passant inconnu qui la frôle... Maintenant, elle va dans la vie, là où l'attirent son caprice, ses curiosités nonchalantes ou passionnées; en errante qui cherche sa voie et la flamme qui la réchauffera—peut-être la brûlera...

Ma pauvre chère Maud!... Que pourrais-je pour elle?

31 août.

Tout se passe comme je l'avais prévu. La présence de Maud a brisé l'étrange enchantement qui, quelques jours, m'avait enlevée à moi-même.

Je recommence—et c'est mieux ainsi...—à vivre pour les autres, isolée dans mes souvenirs qui se sont repris à me faire cortège. Maud est immédiatement devenue un centre attractif pour la colonie masculine que la guerre n'empêche pas d'être encore nombreuse autour de nous; dans le cercle élégant que mère a eu le don de grouper, Bernard seul ne lui fait pas la cour; mais il est pris par ailleurs.

Guisane, lui, est de nouveau très intéressé. Bien entendu, il a tracé d'elle, et continue à tracer, croquis sur croquis. En même temps, son cerveau de psychologue l'observe avec une attention que double l'attrait qu'elle exerce invinciblement sur tous les hommes. Il prend plaisir à causer avec elle; plus encore peut-être, à la faire causer.

Hier, il m'a dit:

—Votre amie est délicieuse et inquiétante.

Toujours ce même adjectif. Délicieuse, oui certes, elle l'est pour lui! Il est évident qu'il lui plaît fort,—je la connais si bien!—et qu'elle serait charmée de le conquérir; d'autant qu'il paraît toujours aussi insaisissable. Cette dernière appréciation n'est pas celle de maman, qui les voyant, ce matin, revenir d'une flânerie le long des petites plages de la côte, s'est écriée, impatiente:

—Voilà encore Maud qui s'affiche! Comment un garçon d'esprit tel que Guisane peut-il, lui aussi, se laisser prendre aux manœuvres d'une coquette!

J'ai protesté, sans réfléchir:

—Mère, croyez-vous vraiment qu'il se laisse prendre? Il l'observe, voilà tout.

—L'observateur est un homme jeune et l'observée ne voit aucun inconvénient...—au contraire!—à servir de sujet d'observation. Où iront-ils ainsi?... Dans sa situation, Maud devrait se tenir tranquille!... Et cette manière de venir pour deux jours, puis de s'éterniser ici!

Je n'ai pas répondu; et maman, mécontente, m'a quittée pour regagner sa chambre.

1er septembre.

Ce matin, nous étions sur la plage, Maud et moi, inactives toutes les deux à regarder la mer qui montait. Maud était allongée sur le sable où elle appuyait ses coudes, la tête sur ses mains jointes, les yeux songeurs sous les sourcils un peu froncés.

Après un silence, l'apercevant ainsi, j'ai questionné:

—A quoi penses-tu, Maud, l'air si absorbé?...

Elle a eu un haussement d'épaules et un sourire désillusionné:

—Je pense à ma destinée...

Je me suis un peu penchée vers elle.

—Maud, cette destinée, ne la gaspille pas, en l'abandonnant... à tous les vents... Confie-la enfin à quelqu'un qui la fera... telle que la souhaitent tous ceux qui t'aiment.

Je l'ai vue tressaillir; et entre les cils rapprochés, son indéchiffrable regard m'a effleurée tandis qu'un pli ironique soulignait ses belles lèvres lourdes.

—La confier en ces conditions?... Mais j'en serais la première ravie, sage Mireille. Seulement, voilà! Voudrait-il de moi celui à qui je serais tentée d'abandonner ma volonté qui n'est que caprice? Celui qui me dominerait et ainsi me sauverait de moi-même... peut-être pour toujours!

Elle parlait d'un ton léger, faisant ruisseler le sable entre ses doigts. Mais dans sa voix, il y avait des vibrations si frémissantes que, soudain pensive, j'ai interrogé:

—Et celui-là, tu ne l'as pas rencontré?

—Je me le demande! Je rencontre tant de monde... Peut-être, oui, sur mon chemin, j'ai frôlé le compagnon près de qui je pourrais enfin marcher, sûre de lui et de moi... Mais ce serait trop beau qu'il s'en aperçoive!... Il y a, au contraire, toutes sortes de chances pour que nous restions deux passants qui se croisent et s'en vont, chacun continuant la route où il est engagé.

Elle parle du même accent de badinage un peu amer et joue toujours avec le sable qui glisse entre ses mains nues dont les bagues étincellent.

Pense-t-elle à quelqu'un?... Dans mon cerveau, un nom jaillit, avec une vision: il y a deux jours, au crépuscule, dans le jardin, Guisane cause debout, avec Maud, allongée dans un *rocking-chair*; elle lui répond, la tête levée, ses yeux brûlants attachés sur lui. Comme jadis, un jour surtout!... je l'ai vue regarder Max... Comme elle en a regardé bien d'autres...

Et, avant que j'aie réfléchi, une question m'échappe des lèvres, pareille à l'affirmation d'un fait:

—C'est de Guisane, que tu veux parler?

Elle ne me dément pas. Sa pose reste nonchalante, le sable filtre toujours entre ses doigts. Mais un pli creuse son front.

—Pourquoi crois-tu cela, Mireille?

—Parce que je vous ai vus ensemble.

—Eh bien?

—Il t'admire.

Elle a un geste d'insouciance moqueuse.

—Mon corps plaît à ses yeux d'artiste et d'homme... Et son esprit tourne autour de mon cerveau, voire même de mon cœur... Peut-être, volontiers, il deviendrait mon amant... si je n'étais ton amie... la pupille de ton père... s'il était pareil aux autres...

—Maud, tu ne penses pas ce que tu dis!

—Oh! si, je le pense!... Sois sûre que Guisane n'aurait pas l'idée de faire de moi sa femme... A moins que je ne me mêle de le griser pour conquérir, par surprise, sa volonté... Seulement, cela, je ne le veux pas. J'estime trop l'homme qu'il est, en ce moment du moins, pour chercher à l'abaisser jusqu'à moi.

«L'abaisser!»... Cette orgueilleuse humilité de Maud me stupéfie. Mais j'ai l'intuition qu'elle est sincère; et je mets affectueusement ma main sur son bras.

—Maud, ma chérie, tu dis des sottises! Tu sais très bien que, sans doute, Guisane autant que «des autres», pour parler comme toi, serait royalement heureux de devenir l'élu... Que sais-tu de l'avenir?

Elle se relève d'un bond.

—Mireille! Mireille, ne souhaite pas que Guisane s'attache à moi, s'il est ton ami...

—Si j'étais sûre que c'est pour votre bonheur... pour le tien avant tout, je le souhaiterais...

Dans ses prunelles, luit l'indéfinissable expression que je déteste. Elle se courbe vers ma main qui a cherché la sienne, l'embrasse avec une sorte d'emportement, me jette une phrase bien singulière:

—Ne sois pas bonne ainsi pour moi... Cela me fait mal...

Puis elle se détourne et se rapproche de la mer où Jean s'amuse, jambes nues.

Mais je ne la suis pas, consciente qu'elle veut être seule.

3 septembre.

Ma pendule marque minuit passé. Je devrais être couchée. A quoi bon? Je ne pourrais dormir; et, dans l'ombre, je penserais peut-être...—pour parler plus justement, je rêverais trop...

Mieux vaut que j'écrive et essaie ainsi de découvrir pourquoi la soirée que je viens de passer me laisse obscurément troublée en tout mon être...

La nuit était lourde d'orage, striée d'éclairs lointains; presque violent, errait le parfum des fleurs, de l'herbe, de la terre que, tout le jour, le soleil avait brûlée.

Après avoir flâné sur la falaise, nous sommes tous rentrés dans le salon de mère, car elle se lasse vite de la promenade. Sauf quelques personnes de l'hôtel qu'elle a prises en sympathie, il n'y avait là que des intimes, Mme de Kermadec, Christiane, Maud, Guisane... J'ai tout de suite organisé la table de bridge, sachant que le jeu avait des fervents.

Maud s'était campée sur le tabouret de piano, tournant le dos à l'instrument; et elle bavardait avec Guisane qui était venu s'asseoir près d'elle. Il l'enveloppait d'un regard charmé bien compréhensible; elle était la séduction vivante. En lumière, la flamme des bougies dessinait la ligne parfaite de la tête, nimbait les cheveux, caressant le visage; les lèvres avaient ce sourire dont l'énigme affole les hommes, autant que son regard... Ce regard qui cherchait celui de Guisane.

Comme est-ce que, si nettement, je voyais tout cela, de l'angle du salon où j'étais assise, causant avec Mme de Kermadec?

Je ne sais si Guisane le lui avait demandé, mais d'un mouvement vif, tout à coup, elle a fait demi-tour sur son tabouret, a ouvert le piano et s'est mise à jouer quelques notes en sourdine.

Bernard, aussitôt, lui a crié:

—Ah! C'est cela! Maud. Chantez-nous quelque chose. Ce sera un régal de vous entendre, par cette admirable soirée!

J'avais tressailli à la demande; et une instinctive prière—par bonheur tue à temps!—m'était montée aux lèvres pour qu'elle ne consente pas.

Maintenant, la voix de Maud me fait mal. Elle l'a peu étendue, voilée parfois, mais si «prenante», douce et ardente, telle une voluptueuse caresse.

A quoi a-t-elle pensé de me dire:

—Mireille, veux-tu chanter avec moi le *Poème du Volga*?... le duo de la troisième mélodie?

—Tu sais bien, Maud, que je ne chante plus!

—Par exemple!... Il y a deux jours, quand j'entrais chez toi, je t'ai entendue!

—Oui, c'était pour Jean qui m'avait demandé «une chanson», comme il dit... que son père réclamait toujours...

Personne n'a insisté, et Christiane, d'un geste tendre, s'est penchée et m'a embrassée. J'ai deviné sur moi le regard de Guisane... Mais en cette minute-là, je me sentais si séparée d'eux tous!...

J'ai, comme le désirait Maud, éteint les bougies du piano; car elle préfère chanter dans l'ombre, par cœur. Et puis, comme tous étaient occupés de leurs distractions, cartes, causeries, musique, je me suis glissée hors du salon pour ne pas entendre Maud. J'ai descendu les quelques degrés du perron et je suis allée me réfugier dans le jardin que la nuit baignait... Alors soudain brisée, je me suis laissée tomber sur le banc où, chaque matin, je viens regarder la mer.

Oh! cette nuit!... Cette nuit ardemment belle... Cette nuit amoureuse... Pourquoi, soudain, m'a-t-elle, sans pitié, rappelé cette autre, juste au seuil de la guerre, où nous étions revenus de Saint-Germain, si follement épris l'un de l'autre... Pourquoi, comme des flots qui ont brisé leur digue, tous les souvenirs les plus tendres de notre heureuse vie me remontaient-ils tout à coup du cœur, réveillant ma soif torturante du bonheur fini?...

La brise chaude qui sentait la mer et les fleurs, car pour venir sur moi, elle frôlait le massif des œillets, des verveines, les branches de syringa qui fleurissent ma fenêtre, cette brise m'apportait le chant de Maud que j'avais voulu fuir et qui s'insinuait en mon âme, emportant mon courage; faisant de moi une misérable créature qui regrettait, qui souffrait, qui, éperdument, voulait ce que jamais plus elle ne possédera...

Que ce chant, par une telle nuit, était cruel à entendre, et que je me sentais—avec quelle intensité!—une pitoyable épave, perdue dans le vaste monde!...

Sans réflexion, pareille à un être qui se noie, entraîné à la dérive, j'ai tourné la tête vers le salon où étaient ceux à qui je pouvais...—un peu!...—me raccrocher... Par les baies ouvertes, j'ai aperçu les joueurs qui écoutaient, envoûtés, eux aussi, par la voix de Maud, à ce point qu'ils avaient cessé leur bridge... Christiane, debout, qui regardait la nuit, les mains croisées sur l'appui de fer du balcon; et, près d'elle, appuyée au mur, la haute silhouette de Bernard. Guisane, lui, devait être resté près du piano, à observer Maud, où je l'avais laissé...

Oui, j'étais loin d'eux qui ne songeaient guère à la pauvre créature que le malheur a faite de moi...

Une telle détresse m'a étreinte que, malgré moi, mes larmes, mes *vaines* larmes! ont jailli, tandis que, secouée de sanglots désespérés, j'appelais, comme un bébé, tordant mes mains, dans ma souffrance:

—Max! Oh! Max... Je t'en supplie, prends-moi! Je ne peux plus rester toute seule ainsi, loin de toi!...

Des secondes, des minutes ont-elles passé?... Mes yeux qui cherchaient l'invisible dans la nuit se sont brusquements rouverts à la réalité du présent. Une voix, dont je connais maintenant toutes les nuances, me disait, ainsi qu'une fois déjà je l'ai entendue:

—Pauvre, pauvre enfant!... J'étais bien sûr que vous vous étiez réfugiée ici, dans le jardin, pour nous fuir!

J'ai murmuré, encore incapable de reprendre mon masque:

—Ce chant, par cette merveilleuse nuit, réveille tant de souvenirs qui me font mal... Et c'est si horrible de devoir supporter seule ce mal!...

—Non pas seule, petite amie très chère... Pour vous aider dans votre peine, tous ceux qui vous aiment sont près de vous... Et vous le savez bien! Ne vous désespérez pas ainsi, Mireille...

Il était debout derrière moi, toujours abattue sur le banc; l'une de ses mains s'était posée sur mon épaule, l'autre effleurait mes cheveux d'un geste d'apaisement, tandis qu'il me répétait, presque suppliant:

—Ne pleurez pas ainsi, Mireille, je vous en prie!

Enfin! je trouvais un être pour me prendre en pitié, me soutenir! Je ne savais plus que cela! D'instinct, j'ai appuyé ma tête contre son bras, meurtrissant ma joue mouillée de larmes, contre le drap rude de son uniforme.

Maintenant, je me le rappelle, bien confuse.

Mais alors, ma détresse avait submergé ma conscience de la réalité et s'attachait impérieusement à sa sympathie... J'aurais voulu pouvoir me blottir sous sa protection, entendre sa voix me dire les mots que, désespérément, mon cœur appelait.

Ah! l'intensité de ma souffrance m'avait fait perdre la raison!

Par bonheur, tout de même, je demeurais lèvres closes!... Par bonheur, dans la nuit, il ne pouvait voir mon visage! Par bonheur, surtout, il était *lui*... Mais quelle étrange expression j'ai aperçue dans ses yeux quand, d'un mouvement irréfléchi, j'ai levé la tête pour chercher le viatique de son regard... Une expression qui m'a pénétrée toute, comme si enfin j'avais trouvé un refuge; si divinement bonne que, tout à coup, elle a eu ce pouvoir de me rendre à moi-même...

Je me suis redressée. Aussitôt, je n'ai plus senti sa main sur mon épaule. Il a fait quelques pas et est venu devant moi.

Comme il m'a paru pâle dans la nuit qui altérait ses traits. Simplement alors, il m'a demandé, avec une sorte de sollicitude tendre:

—Vous êtes mieux, mon amie? Que c'est dur de ne pouvoir rien pour vous!

Pourquoi mon accent a-t-il pris cette âpreté soudaine pour répondre:

—Personne ne peut me rendre Max! Personne ne peut rien pour moi, vous avez raison.

Il a eu un mouvement, que, je suis sûre, il aurait voulu maîtriser, et un pli a barré son front, durcissant son visage. Me trouvait-il ingrate de tenir pour si peu l'amitié, je peux dire l'affection, qu'il me donne?... Je lui en suis pourtant bien reconnaissante! et lui tendant la main, je lui ai dit:

—Vous êtes très bon pour moi... Merci!

Il s'est courbé, a baisé ma main, en y appuyant longuement ses lèvres... Un baiser si pareil aux baisers d'autrefois, qui m'enivraient...

Puis il s'est redressé, presque brusquement, et il m'a dit, sans relever mes paroles:

—Maintenant, petite amie, vous allez revenir près de nous... Mme Ypsilof ne chantera plus. Le thé est apporté.

Je me suis levée d'un bond.

—Alors, il faut vite que j'aille le servir! Vous rentrez? Je monte une seconde voir si les enfants dorment bien... pour...

J'ai une ombre de sourire:

—... pour pouvoir expliquer mon absence. Et je redescends.

—C'est cela, madame, allez vite!

Il s'est détourné et a remonté vers le perron.

Moi, en courant, j'ai été jeter un coup d'œil sur les enfants, lisser mes cheveux, mettre un peu de poudre sur mes joues brûlantes.

Quand je suis rentrée dans le salon, Maud et Christiane distribuaient déjà tasses de thé et sirops.

A ma vue, mère s'est exclamée:

—Enfin, Mireille, te voilà retrouvée. Où étais-tu donc?

J'ai expliqué évasivement:

—Je suis allée voir les enfants.

Elle n'a pas insisté; Bernard qui, lui, avait eu sur moi un coup d'œil attentif, l'a distraite par une question,—peut-être dans une charitable intention...

Mon Dieu, pourquoi mon nom, prononcé pour la première fois par Guisane, bourdonne-t-il sans trêve dans mon souvenir, avec cet accent que j'entends encore...

4 septembre.

Une nouvelle imprévue.

En arrivant à l'hôtel, pour le déjeuner, Guisane nous a annoncé qu'il était appelé par un camarade blessé, à Brest, ou dans les environs, je n'ai pas bien entendu, et qu'il nous quittait pour quelques jours.

En effet, à deux heures, il est parti par le courrier, après avoir pris congé de nous tous ensemble, groupés devant le *Kelenn*. Il m'a baisé la main, comme à mère, comme à Maud, avec un souriant:

—Adieu, madame. A bientôt, j'espère.

Que ce brillant officier, au masque si ferme qu'aisément on l'eût trouvé dur, était donc différent du Guisane qui, hier soir, me réconfortait avec tant de chaude compassion... De le voir ainsi, quel regret m'a saisie de m'être un instant trahie devant lui!... Heureusement, tantôt, j'ai été distante à souhait...

Donc, il est parti.

Est-ce la dispersion qui commence? Maud doit nous laisser dans deux jours pour Morgat où ses amis la réclament. Morgat, c'est tout près de Brest...

Le congé de Bernard marche à grands pas, hélas! vers sa fin, ce qui rend maman très nerveuse, assombrit père et semble mettre une gravité pensive dans les yeux de Christiane quand ils causent ensemble...

Bernard aussi est songeur et je le comprends. Car il hésite entre son ardent désir de demander Christiane, la crainte de la perdre par son silence et le scrupule de l'amener à s'engager pour un avenir tellement incertain.

Moi, j'ai ce matin, une nouvelle lettre de ma pauvre belle-mère, dans laquelle se trahit le besoin qu'elle a de ma présence; de celle des enfants, plus encore...

Je devrais partir, sans plus tarder, pour l'aller retrouver, comme il était entendu... Et je voudrais tant rester ici encore un peu...

5 septembre.

La bouleversante conversation que je viens d'avoir avec Maud!

Elle nous quitte demain et elle était venue, à la fin de l'après-midi, me faire une dernière visite. Nous étions toutes deux dans le jardin, assises sur ce banc où, l'autre soir, j'ai tant souffert...

Je lui redisais combien je voudrais qu'elle trouvât enfin celui qui la rendra heureuse et elle m'écoutait avec l'expression, qui me trouble toujours un peu, que prend son visage quand je lui témoigne mon affection.

Lentement, elle m'a répondu, la pointe de son ombrelle fouillant la terre:

—Moi aussi je souhaite ton bonheur, Mireille. Tu ne peux soupçonner à quel point! S'il vient à toi, le bonheur, sois sage!... Ne le repousse pas!

J'ai contemplé Maud, stupéfaite, et j'ai dit ce qui est le sentiment de toute mon âme:

—Le bonheur?... Mais il est parti pour moi. Jamais plus, du moins tel que tu l'entends, il ne peut me revenir... Jamais!

Elle a eu un haussement d'épaules.

—Mireille, tu parles comme une enfant qui ne connaîtrait rien de ce qui est! Et pourtant, tu sais bien que nous sommes trop jeunes pour que notre vie soit close. C'est une illusion de se le figurer, un mensonge de le prétendre; par devoir, par orgueil, par charité, par faiblesse... Il y a pour cela, en nos êtres de vingt ans, bien trop de forces vives qui fatalement nous ramèneront vers une existence perdue... qui doit être la nôtre... que nous le voulions ou non!

Je l'ai regardée, je crois, comme j'aurais regardé la tentation elle-même; et frémissante, j'ai repris:

—Mais tu ne comprends donc pas, Maud, qu'il me serait impossible de donner à un autre la place de Max près de moi, près de ses enfants, dans ce qui a été son foyer...

—Dans ton cœur aussi? Ah! tu es bien sûre de toi, Mireille, bien forte, si tu peux ainsi lui commander de rester à jamais fermé à l'amour. Moi, j'en serais incapable!

—Parce que tu n'as pas vraiment aimé!

Un éclair a couru dans ses yeux qui m'interrogeaient:

—Aimé qui?... Pierre Ypsilof... Je l'ai pourtant épousé envers et contre tous! Dieu! ai-je assez lutté avec ton père pour qu'il me laisse faire... Ce Pierre, il m'avait attirée, toute, corps et âme... Un moment, j'ai été sa chose!

—Oui, un moment!... Tu as eu pour lui un caprice... Ce n'était pas le vrai amour...

La voix railleuse, les yeux sur la mer, elle répète:

—Un caprice?... Dis, une passion folle!...

—Si folle, Maud, qu'elle n'a pu se soutenir... Si tu l'avais vraiment aimé, tu ne pourrais imaginer même ta vie près d'un autre? Je l'adorais! mon Max.

Encore sur moi, l'étrange regard que je redoute.

—Ah! Mireille, loyale Mireille, il n'y a pas d'homme, crois-en mon expérience,—si grande, hélas!—qui vaille d'être adoré, pas plus que regretté toute une vie!

J'ai eu un tressaillement tant il y avait de sombre conviction dans la voix de Maud; et j'ai pensé tout haut:

—Alors, Maud, pourquoi désires-tu encore te donner à l'un d'eux pour souffrir?

—Parce que je subis la destinée pour laquelle nous avons été créées! Le renoncement que tu veux pratiquer, Mireille, il est hors nature!... C'est aux vivants, non aux morts, que nous devons appartenir, et il est insensé de dédaigner cela seul qui donne du prix à la vie!

De toute mon âme, j'ai murmuré:

—Puisque cette richesse Max ne l'a plus, pour moi, non plus, elle n'existe plus.

—Sincèrement, tu crois cela? Ah! que tu es donc généreuse!... Si l'on me disait, à moi, que je devrai, à l'avenir, me passer d'amour, j'aimerais mieux mourir sur l'heure! L'amour, où je l'entrevois, où j'espère le trouver, je vais, comme un être glacé court vers le feu qu'il voit flamber. Si tous, autour de moi, vous autres disciples de la vieille morale, vous n'étiez à me surveiller, ainsi que des geôliers, je ne songerais guère à m'enchaîner de nouveau, comme je l'ai fait dans l'ignorance de mes dix-sept ans... Je garderais ma liberté pour aimer quand et comme je le voudrais... selon le caprice qui me tenterait!

Toutes ces choses, Maud les dit, le regard toujours sur la mer, sans autre mouvement que celui de tordre le ruban de sa ceinture. Sa voix s'est assourdie, mais de quelle passion elle vibre!...

J'ai l'impression d'avoir, près de moi, une créature en péril qu'il faut sauver, à tout prix; une impression si forte que je pense tout haut:

—Maud, épouse un homme que tu aimes, et tu ne désireras plus rien, ma pauvre chère.

Une imperceptible pause et j'achève, obéissant à je ne sais quelle impulsion:

—Épouse Guisane!... Tu sauras bien l'amener à toi...

Cette fois, elle a tourné la tête, et ses yeux, dont le regard est un abîme, se sont posés sur moi. Une ombre de sourire, ironiquement amer, crispait ses lèvres:

—Tout de même, il faudrait qu'il s'y prêtât un peu... Et il ne le fera pas... parce que...

—Parce que?...

Lentement, elle a fini:

—Parce qu'il a le cœur pris ailleurs.

—Comment le sais-tu? Il te l'a dit?...

La question était sortie de mes lèvres avant que ma volonté ait pu l'arrêter.

—Je n'avais pas besoin qu'il me dise rien! Je n'avais qu'à voir... Je sais comment est un homme auprès de la femme qu'il aime!

Que voulait-elle dire?... Je la regardais, envahie par une sorte d'épouvante. Elle aussi me contemplait, avec des prunelles où il y avait de la tendresse, de la colère, de l'incrédulité... Quoi encore, mon Dieu?... Et avec une sorte d'emportement, elle m'a jeté:

—Alors, vraiment, Mireille, tu ne t'es pas aperçue que Guisane t'aime?...

J'ai crié, comme si elle m'avait frappée en plein cœur:

—Maud, tu déraisonnes! Oui, il m'aime, ainsi qu'un très bon ami, oui...

Elle a martelé, presque bas:

—Comme l'homme aime la femme qu'il voudrait faire sienne pour toujours!...

Instinctivement, j'ai mis mes deux mains sur mes oreilles pour ne plus l'entendre, tandis que je suppliais:

—Maud, tais-toi!... Ne dis pas de pareilles folies qui sont coupables!... car... car elles me font mal!... Comment as-tu pu imaginer une telle chose!... Guisane, aussi bien que vous tous, sait bien que, maintenant, je suis une femme qui ne compte plus!

Elle a saisi mes deux mains d'un geste impérieux.

—Une femme qui ne compte plus!... Mais regarde-toi donc dans une glace, Mireille! Non pas avec tes yeux de veuve trop fidèle, mais avec tes yeux de femme... Regarde le portrait qu'il a fait de toi... Rappelle-toi la sollicitude constante, les soins dont il t'entoure...

—Une sollicitude d'ami, presque de frère! ai-je répété, désespérée. Oh! Maud, je t'en supplie encore, tais-toi! Pourquoi détruire ainsi ma bonne confiance en lui? En lui qui, jamais, tu entends, jamais, ne m'a dit un mot qui puisse me faire soupçonner ce que tu prétends...

Entre haut et bas, je l'ai entendue murmurer:

—Parce que ton heure n'est pas encore venue! Aussi, parce qu'il est très délicat, très clairvoyant... Il sait qu'il doit attendre...

Un frisson m'a secouée comme si Maud me souhaitait le malheur.

Et j'ai prié de nouveau:

—Maud, tais-toi!... Tu n'es pas méchante, pourtant... Alors pourquoi les vaines paroles que je ne dois pas... que je ne veux pas entendre! Ce que pense Guisane importe peu. Entre lui et moi, il y aura toujours Max qui, dans ma vie, ne sera remplacé par personne... Il me semble que, même dans sa tombe, il en souffrirait; et je veux lui rester fidèle dans la mort, autant que je l'ai été dans la vie, comme je le lui avais promis...

Elle me contemplait avec un mélange de colère et de pitié indulgente, ainsi qu'une enfant ignorante de la vérité.

—Ah! petite femme romanesque, c'est la destinée elle-même qui se chargera de te relever de ton serment imprudent!... Et si je ne me suis pas trompée, si je te le répète, un jour, le bonheur vient s'offrir à toi, ne le repousse pas, ô mystique Mireille! Ne complique pas ton existence par des scrupules insensés!

Cette fois, je n'ai pas répondu. A quoi bon? Maud et moi, nous parlons des langues étrangères l'une à l'autre. Nous sommes aussi différentes que l'étaient, ce jour-là, nos robes de veuvage; elle, tout en mauve, des roses à sa ceinture; moi, dans cet uniforme de deuil que, même pour plaire à maman, je ne peux me résigner à quitter.

En moi, c'était le chaos, sous un souffle de tempête. Oh! pourquoi Maud m'avait-elle ainsi parlé? Parce qu'elle voulait, par ses insinuations, m'éloigner de Guisane, afin d'être plus libre de l'envoûter? Certes, elle n'est pas méchante. Mais quand elle souhaite quelque chose, elle piétinerait n'importe quel cœur pour réaliser son désir.

Ou encore, était-ce parce que, habituée à éveiller toujours le désir de l'homme, elle n'avait pas compris, ou avait mal interprété, le sentiment de Guisane pour moi?

Car il ne lui avait rien dit... C'est elle qui imaginait...

Une seconde, le trouble qui me bouleversait s'est apaisé. Et puis soudain, j'ai revu l'expression des yeux, du visage de Guisane quand il se penchait vers moi, dans le jardin, alors que je sanglotais désespérément.

Et une nouvelle rafale a soufflé en moi... Instinctivement, j'ai serré mes deux bras autour de ma poitrine, comme si je m'enveloppais encore du long voile de crêpe qui, pendant des mois, a enfermé ma douleur...

Mon mouvement a fait regarder Maud de mon côté... Je ne sais quelle expression pouvait avoir mon visage, elle s'est écriée:

—Oh! Mireille, n'aie pas cet air douloureux! Je ne pensais pas te faire mal!... Tu m'en veux?

J'ai dit, le cœur lourd d'une détresse infinie:

—Je t'en veux, oui, d'avoir abîmé mon amitié pour Guisane...

Elle s'est penchée d'un de ces élans auxquels elle m'a accoutumée, et qu'en ce moment tout mon être voulait fuir... Son baiser, son parfum, son bras sur mon épaule, ses protestations même m'étaient intolérables.

—Mireille, je n'ai pas réfléchi que tu pouvais être blessée de paroles comme celles qui m'ont échappé, parce que je suis une impulsive... Tout ce que je t'ai dit, c'est moi seule qui le suppose... Moi seule!... Alors, que t'importe?... Guisane et toi, allez être séparés par la force des choses... Et, sans doute, tout demeurera comme tu le souhaites...

Ce qu'elle disait là, c'était vrai... Confusément, déjà, je l'avais pensé. Et un soupir d'allégement a écarté le poids qui m'étouffait. Il m'a semblé m'éloigner d'un gouffre qui m'avait donné le vertige.

—Mireille, tu me pardonnes?... Je m'imaginais aider à te faire heureuse. Et je me suis trompée! Dis que tu me crois!

Pour en finir de cette scène qui m'était affreusement pénible, j'ai prié, à mon tour:

—Ne parlons plus jamais de tout cela, Maud! Je ne pense pas avoir rien à te pardonner. Oublions cette malencontreuse conversation qui n'aurait jamais dû avoir lieu et suivons chacune notre voie... comme nous le pouvons.

Elle a murmuré:

—Oui, comme nous le pouvons.

Et puis, tout haut, elle a appelé Jean que Kate ramenait de la plage.

6 septembre.

Maud est partie. Moi aussi, je pars. Je ne veux pas revoir Guisane; en ce moment, du moins... Ce sentiment était si fort que, dès hier soir, j'ai annoncé à maman que j'allais retrouver ma belle-mère, ainsi qu'il était convenu. Comme je le redoutais, elle a très mal pris cette décision au sujet de laquelle je ne l'avais pas consultée. Le départ prochain de Bernard la rend très irritable. Et puis, pour elle, malgré ma qualité de femme, surtout depuis que la guerre m'a ramenée sous son toit, je suis toujours la «petite» qui a besoin d'être dirigée et doit obéir à ce qu'elle a jugé bon. Pauvre chère maman, elle pense ainsi faire pour le mieux, dans mon intérêt. Mais que de fois, mon Dieu, le joug de cette affection un peu autoritaire m'a paru lourd!

D'ordinaire, grâce à mon désintéressement de la vie, je me prêtais à tout ce qu'elle voulait de moi.

Cette fois, c'est impossible, après ce que Maud m'a dit. J'ai la terreur de *le* revoir. Heureusement, il a écrit à Bernard qu'il prolongeait un peu son séjour à Morgat. Quand il reviendra, je serai partie.

Ah! je voudrais être déjà dans la maison de Max, près de sa mère, pour me bien sentir toute à lui, autant que jadis...

8 septembre, 3 heures.

Pénible journée de bagages et d'adieux... Demain à cette heure, je serai déjà loin d'ici. Chaque fois que la conscience m'en revient, une angoisse me serre le cœur... Et combien douloureusement!

Ah! que je le sens donc, une fois de plus, «partir, c'est mourir un peu...»

Petit pays qui m'as été doux, quel «arrachement» ce m'est de te laisser!

6 heures.

Je pars; et maintenant, c'est avec l'espoir qui m'est une force, d'avoir fait deux heureux...

Le hasard...—autrefois mon âme confiante eût dit la Providence!—le hasard donc m'a largement aidée.

Christiane était venue, pour la dernière fois, prendre le thé dans notre cher jardin, devant la mer, et elle m'avait apporté, sur ma demande, une photo d'elle en infirmière, faite par une de ses compagnes, où elle est exquise. Si vraiment *elle*!

Je regardais l'image qui me plaît tant, je la comparais à l'original, quand la cloche de la grille a tinté et j'ai vu apparaître Bernard qui s'est écrié joyeusement, nous apercevant toutes deux, assises dans le jardin, devant la table à thé:

—Et moi qui venais, tout juste, te demander un dernier goûter! Mireille! J'arrive bien.

—Tout à fait à point, mon cher grand.

Il avait baisé la main de Christiane et lui demandait, s'avançant un fauteuil devant elle:

—Mademoiselle, vous avez la théière à côté de vous... Est-ce que je puis vous demander de m'octroyer un peu de son contenu?

—Vous pouvez... Voici le thé désiré. Il est encore bien chaud, n'est-ce pas, Mireille?

Elle le servait avec une grâce alerte, soigneuse de ses goûts qu'elle connaît bien maintenant. Lui, la regardait presque avidement... Mais prenant la tasse qu'elle lui offrait, après l'avoir remerciée, il a dit seulement:

—Oh! Mireille, qu'on était bien dans ton jardin! Et quel souvenir je vais garder de ce dernier thé que j'y prends!... Pourquoi faut-il que la destinée ait la cruauté de nous disperser?... Nous nous entendions si bien tous les trois, ne trouvez-vous pas?

Il parlait d'un ton de badinage. Mais moi, avec qui il a été très confiant, je savais à quel point il lui est dur de quitter Christiane, sans un aveu que, par délicatesse, il se refuse, étant données les circonstances... Tout à coup, il me semblait que moi, j'aurais dû parler à Christiane, lui demander ce qu'elle pense... Certes, nous sommes devenues de vraies amies. Nous avons beaucoup causé. Mais jamais, ni l'une, ni l'autre, nous n'avons eu une allusion même à l'avenir de Bernard.

Elle lui avait répondu, de son accent de sincérité:

—Oui, cela me semblera bien triste ici, quand vous allez être tous partis! Mais je n'y suis plus pour longtemps. J'espère pouvoir aller bientôt retrouver mes blessés.

—Et ils nous feront aisément oublier!

Elle a répliqué, très simple:

—C'est qu'alors, je serai bien changée... Jamais encore, je n'ai oublié de vrais amis...

—Et puis, peut-être, j'aurai la chance d'aller me faire soigner par vous, a lancé Bernard, mi-plaisant, mi-sérieux.

Elle a fait un geste vif pour l'arrêter, comme si de telles paroles pouvaient lui porter malheur:

—Ne dites pas de pareilles choses, c'est mal!

—D'ailleurs, Bernard, si tu veux voir comment elle est en infirmière, regarde...

Je lui ai tendu le portrait. Il a jeté une exclamation ravie:

—Oh! que c'est vous!... bien vous!...

Les yeux charmés, il contemplait la photo, puis l'original qui, ce jour-là, sans sa blouse, sans son voile, n'était qu'une délicieuse fille du monde, dans sa robe de linon, rayée de bleu tendre, dont le fichu dégageait la nuque, moirée d'or, où la brise faisait mousser des cheveux légers, comme autour du front, des tempes. Car elle était nu-tête, sa *charlotte* de crêpe jetée à terre, près d'elle.

Devant l'attention dont l'enveloppait Bernard, elle était devenue toute rose, et son pied, chaussé de blanc, battait le sable. Mais en riant, elle disait:

—Vous doutez-vous que vous êtes, tous deux, très intimidants à m'examiner ainsi?

—Et vous, mademoiselle Christiane, vous doutez-vous que, si je n'étais un homme très honnête et un monsieur non moins bien élevé, je confisquerais, à mon profit, ce portrait... en souvenir de notre bon temps à Carantec!

Elle a riposté:

—Mais vous êtes un homme très honnête et un monsieur très bien élevé!... Donc vous ne vous appropriez pas le bien d'autrui... Pour vous dédommager, je vous avouerai que si je n'étais, moi, une demoiselle non moins bien élevée, de très bon cœur je vous abandonnerais mon image d'infirmière, en souvenir de notre halte charmante à Carantec, puisque nous sommes... un brin... frères d'armes!

Entre haut et bas, il a marmotté, pour lui-même:

—Ce serait mieux que rien... Mais c'est bien plus encore que je voudrais recevoir!

L'avait-elle entendu?... En tout cas, elle n'a pas relevé l'exclamation discrète; et les yeux vers la mer, elle s'est prise à remuer, d'un geste distrait, sa cuiller dans son thé. Il y a eu, entre nous, un imperceptible silence, animé aussitôt par la voix de Jean qui appelait:

—Maman, maman! Kate demande que vous veniez une minute pour les malles. Voulez-vous, tout de suite, s'il vous plaît?

Il accourait, ravi de son rôle de messager. Depuis le matin, le désarroi de la maison l'enchante; et nous le trouvons partout, prêt à trottiner pour «faire les courses»...

Je m'étais levée, vaguement indécise sur ce que je devais faire. J'avais l'intuition qu'au cœur de Bernard la tentation de l'aveu grondait... Après tout, c'était peut-être la sagesse qu'il y succombât...

En hâte, j'ai demandé:

—Christiane, voulez-vous m'excuser quelques minutes? Kate a besoin d'un renseignement. Je reviens tout de suite.

Elle a incliné la tête sans cesser de contempler le bel horizon qu'elle aime autant que moi. Mais le voyait-elle, en ce moment?...

J'ai donné les indications réclamées. Puis, au lieu de redescendre dans le jardin, je me suis rapprochée de la fenêtre et j'ai regardé vers la table à thé.

Bernard parlait, les yeux fixés sur Christiane qui écoutait, la tête un peu penchée, les mains jointes dans les plis de sa robe, l'attitude ardemment attentive.

Était-ce enfin l'aveu qui échappait à Bernard parce qu'il lui avait paru insensé de continuer à se taire, par un vain scrupule, en cette heure si proche de celle qui va les séparer?

Alors j'ai compris que je devais attendre pour les aller retrouver... Et afin de les laisser vraiment seuls, je suis rentrée à l'intérieur de la chambre, j'ai passé dans celle des enfants, m'appliquant à m'occuper de mes bagages.

Les minutes fuyaient. Je suis revenue à la fenêtre. Cette fois, la main de Christiane était dans celle de Bernard, debout devant elle... Je pouvais redescendre près d'eux.

Il a fallu, pour qu'ils s'aperçoivent de mon retour, que ma voix prononce:

—Je vous ai abandonnés bien longtemps...

—Si longtemps?...

Tous deux avaient eu la même exclamation, tellement expressive, qu'ils se sont mis à rire, en me regardant, mi-confus, mi-radieux.

Ah! cette expression rayonnante des yeux de Bernard... Subitement, elle a fait jaillir, dans mon souvenir, l'image de Max qui me contemplait ainsi, les prunelles éblouies, quand, enfin! père et maman venaient de me promettre à lui... Et l'angoisse trop connue maintenant m'a déchiré le cœur, malgré ma joie d'entendre Bernard s'exclamer, avec allégresse, tout en m'embrassant:

—Quelle admirable idée, chérie, tu as eue de nous laisser!... Et quel beau jouet, je dois à Jean pour être venu te chercher!... Mireille, toi qui m'as toujours donné espoir, c'est toi qui sauras la première... Ce n'est pas seulement le portrait... mais l'original que je recevrai... Ce don sans prix m'est accordé!...

Et il s'est courbé sur la main qui tremblait un peu; cette main qui a tant soulagé de souffrances...

Les grands yeux se sont attachés aux miens, voilés d'une buée de larmes, tandis qu'elle m'attirait:

—Mireille, comme, malgré toute notre tendresse, nous sommes en ce moment cruels pour vous!

J'ai pu murmurer—et j'étais sincère—dans mon infini détachement:

—Non, ne croyez pas cela!... Je suis si heureuse que tout soit ainsi que je le désirais... J'aime la joie des autres, surtout de ceux qui me sont chers... Elle me console un peu...

Et puis j'ai caché ma figure sur l'épaule de Christiane, car je sentais des larmes brûler mes paupières. Mais, en même temps, avec un soudain réveil de ma ferveur d'autrefois, je pensais, de toute mon âme:

—O Dieu, donnez-leur toute la part de bonheur que vous m'avez prise!

TROISIÈME PARTIE

Ce qui sera...

I

ACCOURANT sous la fenêtre, large ouverte, de sa mère, Jean appela d'une voix joyeuse:

—Maman! maman!... Le facteur est passé. Est-ce que vous voulez bien que je vous apporte votre courrier?

Mireille apparut dans le cadre de la croisée:

—Non, chéri, ne monte pas. Je descends dans quelques minutes. Je prendrai mes lettres. Ou plutôt, tu me les apporteras sur la terrasse!

Elle savait quel plaisir c'était pour l'enfant, de la servir.

Elle le regarda qui repartait en courant à travers la belle allée du parc où l'automne prochain dorait déjà les frondaisons superbes. Et après qu'il eut disparu, ses yeux errèrent sur le large horizon que, depuis quinze jours déjà, elle ne se lassait pas de contempler.

C'était bien la vraie campagne normande, après Pont-de-l'Arche, voisine de Moulineaux. La *Commanderie* dominait la vallée de la Seine qui, large et paisible, couleur de jade, descendait vers la mer entre les prairies grasses que hérissaient, çà et là, des silhouettes d'arbres, le clocher effilé de quelque maison de plaisance enfouie dans la verdure.

Voilant encore le soleil matinal, la brume errait à l'horizon, fine comme le bleu gris, très doux, du ciel d'automne.

Ah! qu'elle était bienfaisante, la paix de cette vieille demeure, qu'animaient seuls les rires et les jeux de Jean depuis que Max n'y était plus... Mireille enveloppa d'un regard d'amie les pelouses veloutées autour des massifs en fleurs, les grands arbres dont les branches dessinaient sur le sable des ombres mouvantes...

Puis elle se détourna, et descendit. Dans le vestibule, se promenant de long en large, Jean l'attendait, très sage, le courrier dans ses deux mains.

—Voilà! maman, fit-il avec un bond de plaisir, en la voyant paraître.

Tout de même, l'attente lui avait semblé un peu longue.

Elle prit le paquet, lettres et journaux, tandis que Jean s'exclamait:

—Maman, je peux aller avec vous sur la terrasse?... Je ne vous dérangerai pas pendant que vous lirez vos lettres!

Elle eut un sourire de tendresse vers le petit qui la regardait, suppliant.

—C'est bien sérieux, cette promesse? Tu joueras gentiment avec France que j'aperçois sur les genoux de Kate, sous le marronnier?

—Oui, maman, c'est très sérieux!

—Alors, viens.

Il se pencha, ravi, sur la main de sa mère qu'il embrassa; puis, câlinement, s'attacha à la robe de la jeune femme qui, tout de suite, en marchant, ouvrait le journal, en quête du *communiqué.*

En quelques minutes, elle fut sur la terrasse, une des beautés de la *Commanderie* qui, de haut, surplombait la Seine, sinueuse entre ses rives charmantes.

—Et maintenant, mon chéri, va retrouver France! dit-elle à l'enfant, avec un baiser.

Il obéit aussitôt. Alors seulement, elle éparpilla les lettres sur ses genoux. Et aussitôt, un frémissement fit battre son cœur plus vite. Sur l'une des enveloppes, son nom était tracé par une écriture masculine, fortement accentuée, qu'elle avait vue à Carantec... Celle de Guisane.

Cette lettre, c'était la première qu'elle reçût de lui, dont elle ne savait rien depuis qu'elle avait quitté la Bretagne... Sinon ce que lui avaient appris quelques lignes, dans un billet de Maud. Il était allé peindre à Morgat et la jeune femme l'y avait rencontré.

«Je l'ai emmené prendre le thé, ajoutait Maud, et nous avons, comme à Carantec, devisé en contemplant la mer. Quel incomparable ami tu as en lui, Mireille... Et comme je te l'envie...»

Une complexe impression l'avait un instant troublée, en lisant ces lignes: obscur regret qu'ils se fussent rencontrés, impatience qu'ils eussent parlé d'elle, plaisir de savoir qu'elle comptait vraiment un peu pour lui.

Et voici qu'il lui écrivait. Pourquoi?

Entre ses doigts, qui tremblaient un peu, elle gardait l'enveloppe fermée. Une bizarre pensée traversait son âme:

—Pour l'amour de Max, en souvenir de lui, ne pas lire cette lettre!... la brûler...

Mais son bon sens tout de suite protesta devant le singulier scrupule. Pour quelle raison renoncer à savoir ce que lui écrivait un tel ami?... Parce que Maud lui avait, un jour, tenu des propos inconsidérés auxquels, résolument, elle s'était imposé de ne plus penser et que le calme de la

Commanderie l'aidait à oublier... La *Commanderie* toute vivante du souvenir de Max à qui elle était si chère; où ils avaient connu les jours bénis qui avaient fermé sa dernière permission.

Elle déchira l'enveloppe et lut:

«Madame, pourquoi êtes-vous partie si vite et si soudainement, tandis que j'étais loin?... Est-ce pour me punir de vous avoir quittée? Si vous saviez comme je l'ai fait sans souci de mon propre plaisir qui, certes, m'eût gardé à Carantec; sourd au sentiment qu'il faut, sans scrupule, jouir pleinement des heures douces que la vie nous accorde, si nul n'en souffre.

«J'avais cru faire ce que je devais; et quand, à mon retour, j'ai trouvé vide le pays où vous n'étiez plus, j'ai pensé que ma sagesse avait été celle d'un insensé.

«Vous n'étiez pas fâchée, pourtant? De quoi auriez-vous pu l'être, amie très chère? De ce que votre malheur, supporté avec tant de courage simple, m'a donné pour vous une admiration que je ne voulais même pas vous laisser entrevoir? Car j'aurais craint de froisser votre délicate réserve et d'amener ainsi, dans vos yeux, un éclair de sévérité qui eût mis, ne fût-ce qu'un instant, de la froideur entre nous.

«Mon amie, j'avais si peu de jours encore à vivre près de vous!... Pourquoi m'en avoir privé?... Vous le savez bien, pourtant, vous qui avez l'âme si bonne, qu'il faut être généreux pour ceux qui vont partir, sans avoir la certitude du retour!...

«Carantec, vous absente, m'a paru intolérable; à ce point, que j'ai incontinent repris le chemin de Paris. Et c'est de là, qu'après avoir bien hésité, je vous écris parce que je ne puis plus supporter l'incertitude de savoir ce que vous pensez, le pourquoi de votre départ inattendu et inexpliqué.

«Madame, faites-moi la charité de quelques lignes. Dites-moi quand vous rentrez à Paris. Est-ce que je ne vous y reverrai pas, avant mon retour au front, bien proche maintenant?... Juste le temps d'inaugurer mon Exposition, le 3 octobre, et je repars. A cette date, serez-vous de retour?

«Vais-je maintenant, pour finir, vous avouer un désir que j'éprouve trop vif pour vous le taire, puisqu'il vous appartient de le réaliser... Petite amie, écoutez-le avec votre cœur, voulez-vous?... Il me paraît tellement impossible de m'éloigner sans vous avoir revue, n'ayant pour dernier souvenir que nos banales paroles d'adieu, sur la place de Carantec; tellement impossible que, si vous ne revenez pas bientôt à Paris, permettez-moi d'aller à la *Commanderie*, vous faire une brève visite d'adieu.

«Est-ce très indiscret de vous demander cette grâce qui me serait bien douce à recevoir?...

«Avec mon plus affectueux respect, je vous confie ma prière, madame. Vous êtes devenue pour moi une si précieuse amie, que je ne puis accepter de vous quitter comme je quitte les indifférents... Écrivez-moi vite que vous consentez... ou que vous revenez!»

Les yeux seuls de Mireille lurent les lignes d'adieu qui fermaient la lettre. En tout son être, frémissait l'écho des paroles que ses lèvres murmuraient:

—Oui... Maud avait raison, il m'aime... Que c'est bon d'être aimée!

A pleines lèvres, elle aspira l'air frais qui frôlait son visage.

Le soleil avait-il donc triomphé de la brume?... Devant elle, autour d'elle, sur l'eau fuyante, sur les arbres cuivrés, dans le ciel limpide, rayonnait une telle lumière!...

Et encore une fois, elle murmura:

—Ah! que c'est bon d'être ainsi chère à quelqu'un!

Cette douceur, elle la savourait sans la discuter, sans réfléchir ni penser, bouleversée par la révélation que la destinée jetait tout à coup en elle, dont tressaillait son pauvre cœur esseulé, toujours avide de tendresse... Aujourd'hui, comme jadis...

—Que c'est bon! que c'est bon! répéta-t-elle encore tout bas.

L'impression éprouvée avait été si forte qu'elle en gardait la sensation d'un choc reçu dont, peu à peu, elle se remettait. Un soupir souleva sa poitrine. Ses yeux éblouis revirent les enfants qui jouaient, la vieille demeure que le soleil illuminait; d'instinct, son regard chercha les fenêtres de sa chambre,—la chambre qu'elle avait toujours occupée avec Max, depuis qu'elle y était entrée, amenée par lui, le premier soir de leur vie d'époux...

Guisane l'aimait... Oui... Mais comment l'aimait-il?... D'amitié?... D'amitié seulement?... Alors, c'était, ce serait exquis! D'amour?... Le mot que sa pensée précisa la secoua d'un frisson.

Alors, quel malheur il y avait là! A quoi aboutirait Guisane, sinon à souffrir, s'il ne pouvait se contenter de voir en elle une «précieuse amie», comme il l'appelait.

Car elle ne voulait pas, elle n'admettait pas que, pour elle, il pût être autre chose. Et il fallait qu'elle lui en donnât l'absolue conviction.

Comme une réponse au dilemme qui se formulait en elle, ses lèvres tremblantes articulèrent:

—Je voudrais tant le garder comme ami! Tel qu'il était pour moi à Carantec!...

Serait-ce possible?... Toute jeune fût-elle, si bien, elle savait à quel écueil se heurte, presque fatalement, l'amitié entre un homme et une femme jeunes. D'abord apparaît l'amoureuse amitié... Et puis...

Elle secoua les épaules, comme pour faire tomber, derrière elle, la pensée qui la troublait.

Pourquoi ne pas tenter de réaliser la belle chimère?... Elle, qui n'avait plus rien, ne pouvait-elle essayer au moins de mettre, dans sa vie dévastée, le réconfort d'une amitié sûre? Elle pensait:

—Il est si délicat, si clairvoyant, il a tant d'expérience, il comprendra bien, tout le premier, ce qui doit être, seulement.

Et maintenant, il fallait lui répondre... Quoi?... Quand serait-elle à Paris?... Elle n'en savait rien encore. Tout dépendait de ses beaux-parents que sa présence rendait moins tristes. Pour elle, c'était un devoir de demeurer près d'eux; et, avec joie, en souvenir de Max, elle le remplissait, récompensée par la tendresse qu'ils lui montraient.

Mais, à elle aussi, après avoir lu la lettre de Guisane, il paraissait impossible de le laisser repartir au front sans un dernier adieu.

Le recevoir à la *Commanderie*?... Oui, c'eût été exquis de causer avec lui, sur cette terrasse, devant ce large et beau paysage de France!...

Mais... mais... En elle, d'obscures délicatesses se refusaient à ce qu'il vînt dans la maison de Max; la maison où demeuraient errantes les ivresses de leur jeune bonheur, à son aube, de leurs dernières heures d'amour... Elle aurait eu le sentiment d'une profanation en y accueillant Guisane...

Alors quoi?... La sagesse, c'était d'attendre pour décider quelque chose.

Mais, tout le jour, une sorte de joie brûla en elle, transfigurant son austère existence. Et, sans effort, elle fut, pour son beau-père, la lectrice et la causeuse charmante qui, seule, parvenait à le distraire de ses douleurs physiques et de la souffrance exaspérée d'avoir perdu son fils unique, malheur auquel il ne se résignait pas...

II

A LA fin de l'après-midi, comme elle revenait de faire quelques courses dans le village et passait devant l'église, elle aperçut sa belle-mère qui en sortait, et, sur le seuil, parlait à une pauvre femme.

Aussitôt, elle arrêta sa course et se dirigea vers la plate-forme qui, sous les arbres, s'ouvrait devant le portail, sur le large horizon du fleuve et de la campagne.

Mme Noris venait de quitter son interlocutrice; et son mince visage—si triste...—s'éclaira un peu à la vue de la jeune femme.

—Tu rentres de te promener, Mireille?

—Non, mère, je reviens de la poste, de chez la mercière, etc., etc... Mais comment êtes-vous, à cette heure, à l'église?... Y avait-il donc un office?

—Non, chérie; mais je n'avais pu, ce matin, aller à la messe, parce que ton beau-père avait passé une très mauvaise nuit et me voulait près de lui.

Tendrement, Mireille passa son bras sous celui de la vieille femme. Elle avait une affection profonde pour cette créature qui était le dévouement incarné; à qui il était aussi naturel de se donner, qu'aux autres de s'occuper d'eux-mêmes.

—Mère, vous allez vous épuiser! Laissez-moi vous remplacer auprès de père. Vous savez qu'il accepte volontiers mes soins, et je puis être une très bonne garde de nuit.

—Et tu perdrais la belle mine que tu as rapportée de Bretagne! Max ne me le pardonnerait pas... Aujourd'hui, tu es aussi fraîche qu'une fillette!

Elle aussi—comme Mireille—avait cette tendre habitude de parler toujours de Max comme s'il était vivant. Ainsi, elle le gardait mêlé à son existence.

Mireille avait tressailli aux paroles de Mme Noris. Un frisson glaçait, en son cœur, la joie qui depuis le matin y rayonnait.

—Max ne voudrait pas non plus, mère chérie, vous voir fatiguée comme vous l'êtes. Vous vous laissez prendre toute, par père et vos œuvres... Et voilà le résultat!

—Ma petite fille, je t'assure que je ne suis pas autrement fatiguée.

—Mère, vous n'êtes plus que l'ombre de vous-même...

—Ce n'est pas la fatigue qui en est cause... Tu le sais bien, Mireille.

—Oui, je sais...

Plus étroitement encore, elle serra le bras de Mme Noris. Toutes deux suivaient, d'un pas distrait, la belle route en corniche qui ramenait à la *Commanderie*. De nouveau, à l'approche du crépuscule, la brume estompait les lointains. A travers le voile transparent, le couchant était de pourpre violacé... Ce n'était plus l'horizon de flamme et d'or, derrière Roscoff...

Et sourdement, Mireille se prit à murmurer:

—Oh! mère, que je voudrais avoir une âme comme la vôtre!... En la mienne, c'est le chaos! Comment faites-vous pour avoir le courage de vous résigner!

—Dieu m'aide, chérie. Prie, pour qu'il te secoure. Mireille baissa la tête, cessant de regarder l'infini du ciel.

—Je ne peux plus prier, mère. Je l'ai fait pendant des mois et des mois pour Max... et ç'a été en vain... Ma confiance est morte. Il me semble que le ciel est vide... Et si parfois, l'idée me revient qu'il ne l'est peut-être pas, je me sens alors... c'est mal, je le sais... une enfant révoltée, rebelle désormais à toute demande, devant Celui qui a permis que j'aie tant à souffrir... Moi et bien d'autres!

—Mireille, Mireille, ma pauvre petite! Ne pense pas ainsi des choses qui avivent ta peine! Tu reconnais toi-même qu'elles sont coupables, fit Mme Noris très tendre.

Et son doux regard enveloppa le jeune visage que l'angoisse ciselait.

—... Rappelle-toi plutôt ce qui t'a toujours été enseigné, Dieu sait ce qu'il nous faut...

Mireille tressaillit. Guisane, dans le bois de Carantec, avait eu la même pensée que cette croyante. Penchant plus encore la tête, elle écoutait la voix qui continuait avec une conviction fervente:

—Chérie, pour l'amour de notre Max, pour que, dans l'inconnu où il est entré, il connaisse un bonheur que jamais la terre ne lui aurait donné, acceptons le sacrifice qui nous est imposé, sans en chercher la raison...

Mireille dressa la tête et répéta:

—Pour qu'il connaisse le bonheur?... Mais, mère, ce qui me soutient, c'est cette foi qu'il a reçu la récompense de son dévouement! Si je pensais qu'il souffre, je crois bien que je me tuerais pour aller souffrir avec lui! Oh! mère, c'est atroce, votre dogme d'une expiation inévitable!

—Mireille, mon enfant, calme-toi! Pense avec moi que nous pouvons confier celui que nous avons tant aimé, à la Bonté juste et miséricordieuse... Prie pour que l'offrande de ta douleur soit acceptée... Et tu verras quelle consolation c'est de supporter pour lui... Puisque nous ne pouvons plus rien d'autre...

—Oui, mère, je vous comprends, dit tout bas Mireille, dominée par la beauté du sentiment qui soutenait cette mère désolée.

Et en silence, serrées l'une contre l'autre, elles achevèrent leur route vers la *Commanderie* toute proche, dont la façade grise apparaissait entre les arbres.

Au-devant d'elles, accourait Jean qui faisait sa promenade quotidienne avec l'Anglaise:

—Bonjour! grand'mère... Bonjour! maman. J'ai bien tenu compagnie à grand-père, comme vous me l'aviez recommandé. Mais il disait toujours que ses douleurs lui faisaient très mal.

—Il souffre encore! s'exclama Mme Noris, tout de suite inquiète. Je crois qu'il a raison. L'automne est trop humide pour lui, ici. Il va falloir regagner Paris bien vite.

—Vous le regrettez, mère?

Elle eut un sourire résigné.

—Pour moi, oui... J'aime à vivre dans la maison où Max a joué tout petit... Et puis j'étais bien heureuse de vous avoir, toi et les enfants... Mais bien entendu, ce sont là des sentiments très secondaires... Avant tout, nous allons voir l'avis du docteur.

Mireille inclina la tête. Alors bientôt peut-être, les circonstances allaient la ramener à Paris... La pensée de Guisane se raviva dans son souvenir. Mais elle n'éprouvait plus la radieuse allégresse qui l'avait soulevée hors d'elle-même... Plutôt une sorte de remords d'avoir été heureuse que, si vivement, il souhaitât la revoir...

Cependant, lui n'était pas responsable de cette défaillance de son cœur, trop altéré d'affection. Il attendait sa réponse, avec une impatience dont elle avait l'intuition...

Aussi, le soir, quand elle eut regagné sa chambre, elle s'assit devant son bureau; elle songea, puis se mit à écrire:

«Non, certes, je n'étais pas fâchée, mon ami. De quoi aurais-je pu l'être?... Vous avez été si bon avec moi!

«Je suis partie soudainement, c'est vrai... Mais parce qu'il le fallait... Vous me croirez sur parole, n'est-ce pas?

«Sûrement, nous nous reverrons avant votre départ. A Paris, sans doute. La date de mon retour n'est pas encore fixée. Mais je pense bien qu'avec les tout derniers jours de septembre, je regagnerai mon gîte personnel,—le *home* de jadis...—où j'ai la consolation, douce et poignante, de me réinstaller, père ayant pu décider maman à me laisser suivre mon désir.

«Vous viendrez m'y faire votre visite, n'est-il pas vrai? pour savoir où me trouver quand, au front vous pourrez vous souvenir de votre amie; et aussi plus tard, quand la guerre finie, vous aurez un instant à me consacrer.

«Car il ne faudra pas me délaisser. Votre compréhensive sympathie m'est si bienfaisante! L'amitié et le souvenir fidèle que vous gardez à mon cher disparu font qu'il me semblerait triste infiniment de redevenir pour vous une dame étrangère, à qui vous devez seulement des politesses d'homme du monde. A travers le temps, il faut que nous restions de vrais amis, sûrs l'un de l'autre... Vous voulez bien?

«Moi, je sais que, fidèlement, à jamais, je demeurerai la Mireille dont vous avez compris et plaint la peine et qui ne pourra l'oublier... Croyez-en l'assurance que je vous envoie, avec le meilleur de mon amitié.

«MIREILLE.

«Jean vous regrette bien souvent; et, ne devenez pas orgueilleux! j'avoue que plus d'une fois, sa maman l'a imité.

«De sa part, une poignée de main, toute masculine et très affectueuse.

«Après lui, je mets à mon tour ma main confiante dans la vôtre. A bientôt, mon ami.

«M.»

III

AU moment d'entrer dans la salle de la rue de Sèze, Mireille eut un coup d'œil sur la montre que le bracelet retenait sur son gant.

Dix heures et demie à peine.

Elle avait un bon moment pour voir l'exposition de Guisane, ouverte depuis l'avant-veille,—le jour même où elle rentrait à Paris,—et dont elle avait déjà lu d'enthousiastes comptes-rendus. Mais elle n'avait pas vu Guisane lui-même. La veille, il avait passé chez elle. Elle était sortie. Ce matin, il n'y avait guère de chance pour qu'il fût rue de Sèze.

Pourquoi donc ne lui avait-elle pas écrit, comme il l'en avait priée, pour qu'il vînt lui faire les honneurs de son exposition? Quel absurde scrupule l'avait arrêtée?... Voici que, maintenant, un sourd regret l'obsédait...

Elle entra dans la salle où, devant les *Croquis de guerre et de paix*, s'immobilisaient les visiteurs, invinciblement retenus par leur puissance évocatrice.

Et, au premier regard, la même impression la domina, devant ces visions saisissantes qui étaient la vie même.

Tout de suite, elle eut le sentiment que cette Exposition était plus qu'un succès, un vrai triomphe pour Patrice Guisane. Ah! comme elle comprenait qu'il adorât son art, conscient des dons qu'il avait reçus!... Comme elle comprenait sa terreur—la seule qu'il connût...—qu'une blessure pût, en une seconde, éteindre à jamais son regard!

Dans son intuition d'artiste, il avait prodigieusement discerné ce que devaient être les images de la guerre moderne... Ces images que lui-même avait notées sur le vif, ces scènes qu'il avait intensément vécues, qu'il avait contemplées, non seulement avec ses yeux, son cerveau de peintre, mais aussi avec son âme de soldat, de penseur doublé d'un psychologue aigu; et qu'ensuite, il avait transcrites dans leur terrible et superbe désolation.

Lentement, elle avançait, frémissante d'émotion devant cette révélation, pour elle, de ce qu'était la guerre.

Campagnes dévastées, avec des coins que le hazard avait laissés délicieusement paisibles et verts sous un ciel de bataille taché par la fumée des obus; une terre creusée, bosselée, soulevée, que hérissaient des ruines informes, qui ne trahissaient plus rien de ce qu'elles avaient été; arbres déchiquetés, tordus, desséchés, douloureux à voir autant que des squelettes.

Et il y avait aussi de tragiques visions de la nuit, où luisaient le pinceau lumineux des projecteurs, l'éclair des fusées, les flammes de Bengale, la lueur du canon, de l'obus incendiaire, des fermes, des villages entiers qui brûlaient.

Plus loin, c'était la pénombre morne des tranchées où les formes se confondaient avec la glaise... Formes couchées, écrasées dans la boue, par le sommeil, la fatigue, le froid... Formes assises sur le talus qui servait de banc... Formes dressées dans le jet de l'assaut... Et encore c'étaient des types de toute sorte, notés au passage, avec un souci de leur individualité qui en faisait des figures inoubliables: *poilus* bien français, *tommies* juvéniles et imberbes, Américains râblés, Cingalais aux noires prunelles rêveuses...

En face de la poignante évocation sur l'autre panneau de la salle, les *Croquis de paix*, annonçait le catalogue; superbement lumineux, dont le coloris était une fête pour les yeux; paysages ou marines de Carantec qu'elle reconnaissait, et d'autres qu'elle ignorait, souvenirs de Morgat, quelques silhouettes exquises de Maud... Et son portrait, à elle, que, craignant de désobliger Guisane, elle avait laissé exposer.

Certes, si rapidement qu'il eût été fait, il lui était devenu bien familier à Carantec. Mais l'avait-elle donc oublié?

Saisie, presque troublée, elle regardait la forme svelte qui était la sienne, la figure fine, si claire sous les cheveux sombres, où songeaient de grands yeux veloutés... Alors, c'était ainsi que Guisane la voyait?...

Une sensation, si pareille à du plaisir, la frôla, que, vivement, elle se détourna et revint vers les *Croquis de guerre*. Mais, derrière elle, une voix s'élevait:

—Alors, vraiment, tout cela vous intéresse, madame?

Un sursaut lui jeta aux joues une onde pourpre. Elle n'avait pas besoin de regarder pour savoir qui, soudain, lui parlait avec l'accent inoublié. Son cœur eut un battement plus rapide; et ses yeux, alors, rencontrèrent ceux de Guisane qui la contemplaient avec une telle joie qu'elle eut la sensation d'une brûlante clarté dont son être était pénétré.

Il lui tendait la main,—comme il l'eût appelée, irrésistiblement;—et elle donna la sienne, avec la même confiance heureuse qu'elle avait éprouvée le jour de leur aventureuse promenade en mer, quand elle se reposait sur sa protection. Avant qu'elle eût parlé, il disait, sans détacher d'elle ce regard qu'elle connaissait bien:

—Enfin! enfin! je vous retrouve! ô fuyante amie... Je commençais à croire que cette bienheureuse minute me serait refusée!... Car je pars dans deux jours... Et vous ne reveniez pas!

—Et je suis revenue!... Et aussitôt me voici chez vous!... fit-elle, d'un ton voulu de badinage, avec un sourire, sa volonté raidie contre le charme dont l'envoûtait le plaisir de Guisane, en la retrouvant.

C'était donc bien vrai ce que Maud disait? Comme à la *Commanderie*, cette pensée traversa en éclair son cerveau; et, une seconde, toute sa jeunesse tressaillit d'une allégresse ardente.

Les yeux toujours fixés sur elle, comme s'il eût été insatiable de la contempler, il lui répondait avec un joyeux sourire:

—Oui, c'est vrai, vous voilà!... Et je bénis le hasard qui m'a obligé à venir ici, ce matin, pour prendre un renseignement... Sans quoi, il y avait bien des chances pour que cette journée s'achevât encore sans que je puisse vous joindre! Et j'en ai si peu encore!... Hier, ayant appris par votre père que vous étiez arrivée, je me suis risqué à passer chez vous... quitte à me voir refuser votre porte, comme trop pressé!... Et puis, vous étiez sortie!

—Oui... J'avais été voir mère. Mais votre visite a ravi Jean, plus privilégié que sa maman.

—Plus privilégié!... C'est gentil de dire cela à votre ami... J'espère que vous le pensez un peu! Que ce n'est pas une politesse de dame très aimable. Ah! que c'est donc délicieux de vous retrouver, madame mon amie...

Lentement, elle articula, comme si, malgré elle, la vérité s'échappait de son âme même:

—A moi aussi, cela fait bien plaisir!

—Vrai?

Son accent était presque grave. Et, un peu, il penchait vers elle sa haute taille, pour mieux lire dans les prunelles veloutées, au fond desquelles une intense clarté luisait.

—Vrai! très vrai! homme de peu de foi. Et maintenant que vous êtes convaincu, n'est-ce pas? montrez-moi vite, avant que je parte, celles de vos œuvres que vous préférez... J'ai très envie de savoir si j'ai bien jugé!... O mon ami, que je suis fière de vous!...

—Tant mieux! et merci de me le dire!... Mais pourquoi parlez-vous de partir, madame? J'espère bien que vous n'allez pas disparaître, juste quand j'arrive!

Elle le regarda, avec un sourire où tremblait un regret aigu:

—C'est qu'il y a déjà longtemps que je suis ici! Et c'est bientôt l'heure du déjeuner de mes poussins. Je ne puis me mettre en retard!

—Qu'est-ce que cela fait, madame? protesta-t-il avec une vivacité gamine. Ils ont Kate pour leur faire prendre patience... C'est une très mauvaise habitude de se rendre esclave de ses enfants!

Puis, changeant de ton, il pria:

—Madame, soyez bonne, très bonne!... Oui, nous regarderons tout ce que vous voudrez... Mais d'abord, venez, un instant, vous asseoir sur ces sièges hospitaliers, que nous causions un peu... comme à Carantec!

Elle hésitait, effrayée du désir qu'elle avait de consentir. Mais sans attendre sa réponse, il lui avançait un fauteuil. Vaincue, elle s'assit avec une soumission joyeuse. Il semblait que sa volonté lui échappât, laissant ressusciter l'ardente Mireille de jadis, dans la veuve fidèle qu'elle prétendait demeurer. Et cette mystérieuse allégresse, voici qu'elle ne pouvait l'étouffer... Elle la sentait grandir, envahir son cœur... Ainsi qu'elle avait vu, tant de fois, la mer s'emparer du sable...

Heureusement, Guisane ne savait pas; et il s'exclamait d'un ton de reproche:

—Pourquoi ne m'avoir pas écrit que vous viendriez ce matin?... Je serais accouru pour vous recevoir. Honnêtement, je ne puis dire «pour vous montrer mes croquis...» Car, vous présente, c'est incroyable comme mon exposition me devient indifférente!

—Merci bien!... glissa-t-elle, amusée.

—Je n'ai plus le moindre désir de m'en occuper, mais, seulement, le besoin de savourer votre présence, si longtemps perdue... Un grand mois!... De bavarder avec vous, de savoir de vous tout ce que vous ferez à votre ami l'honneur de lui confier... puisque nous ne sommes pas brouillés!...

—Brouillés? Quelle singulière idée vous avez là!

—Pas plus singulière que votre inexplicable départ. Quand je suis revenu de Morgat, que votre mère m'a annoncé que vous l'aviez quittée, j'ai cru à une très mauvaise plaisanterie. Hélas! c'était la vérité... J'ai tout de suite découvert que Carantec sans vous, ce n'était plus Carantec. Mais, bon gré, mal gré, il m'a fallu me passer de votre présence qui m'était devenue une exquise habitude... Et je vous retrouve pour vous perdre de nouveau... Cette fois, pour combien de temps!...

Elle devina qu'il pensait, «peut-être pour toujours». Et une telle angoisse l'étreignit, qu'elle ne sentit plus la mystérieuse joie qui la bouleversait... Parce qu'elle comprenait qu'il était vraiment bien à elle...

Il priait:

—Petite amie, racontez-moi beaucoup de choses de votre séjour à la *Commanderie* afin que j'aie, plus encore, des souvenirs de vous... pour supporter les heures sombres.

Elle dit doucement, avec un chaud et mélancolique sourire:

—Ah! si je pouvais vraiment quelque chose pour vous, en échange du bien que vous m'avez fait!

Il l'enveloppa d'un étrange regard. Ses lèvres s'entr'ouvrirent. Mais il ne prononça pas les mots qu'il ne fallait pas dire...

Et changeant de ton il s'exclama, d'un accent d'amicale gaieté:

—Avec tout cela, vous ne me racontez rien!

—Et il est midi moins cinq!... Comme je vais être en retard! Mon ami, mon ami, où avez-vous entraîné une mère de famille!

Elle avait un sourire contrit, mais dans le regard lumineux où le sien plongeait, il lisait bien qu'elle n'était pas fâchée... Jamais, peut-être, il ne lui avait vu cet éclat qui le faisait tressaillir d'une sorte de bonheur douloureux,—puisqu'il ne devait rien attendre d'elle...

Il allait dire:

—Heureusement, ce soir, nous pourrons causer, car nous dînons ensemble chez Mme votre mère.

Mais elle semblait l'ignorer, et une intuition lui révéla qu'il valait mieux qu'elle n'en fût pas avertie. Il la devinait effarouchée un peu par l'ivresse de la retrouver qu'il ne lui avait pas assez cachée. Et, farouche comme elle l'était, dans sa réserve, elle eût été capable de trouver un prétexte pour rester à l'écart.

L'accompagnant vers la sortie, il demanda, cela seul qu'il pouvait espérer recevoir:

—Quel jour, madame, voulez-vous bien m'indiquer, pour que j'aille vous faire mes adieux?

Elle eut une hésitation. Était-ce très sage de le recevoir?... Mais comment lui refuser alors que c'était pour le front qu'il repartait... Et elle répondit:

—Demain, vers cinq heures, si cela vous convient. Les enfants seront là; Jean sera ravi de vous revoir...

—Merci, madame, demain cinq heures; c'est chose entendue.

—Bien! Alors je me sauve... Comme nous avons bavardé!... J'avais bien fait de regarder votre œuvre avant votre arrivée, car vous ne m'avez rien montré du tout!

—Pardonnez-moi, mon amie... La douceur de vous revoir m'a fait oublier tout ce qui n'était pas vous...

Elle s'exclama, mi-rieuse, mi-confuse:

—Je ne peux pas faire autrement que de vous pardonner, puisque le mal est irrémédiable!... Mais tout de même...

—Ne finissez pas!... Ne me gâtez pas mon plaisir!... A demain, madame. Attendez une seconde, que je vous fasse avancer une voiture.

Il était sur le seuil, avec elle, et d'un signe, appela une auto.

Vite, elle monta. Encore une fois, dans le cadre de la portière, il aperçut la douce figure—grave et passionnée—qui lui souriait à l'ombre de la capeline de deuil.

IV

—MAMAN, vous me promettez que vous m'appellerez pour dire adieu à M. Guisane? demanda Jean, très sérieux.

—Oui, je te le promets. Va jouer en attendant, mon chéri.

Docile, le petit sortit du salon où Mireille arrangeait les fleurs splendides qu'elle venait de trouver en rentrant de sa quotidienne visite chez sa mère; des fleurs qu'une carte accompagnait avec ces simples mots: «Remerciements du peintre, et son adieu, à son complaisant modèle.»

C'était une vraie moisson qu'il lui avait envoyée là; des fleurs librement réunies pour qu'elle pût les disposer à son gré... D'abord, des roses et encore des roses... Et puis la fleur d'automne, des chrysanthèmes admirables dont la senteur un peu âpre heurtait l'arôme délicat des roses.

La veille, ensemble, ils avaient dîné chez Mme Dabrovine, où elle avait été saisie de le voir entrer dans le salon, quelques minutes après qu'elle-même venait d'arriver. Et aussitôt, en elle, avait bondi une si vive impression de plaisir que, plus tard, allongée sans pouvoir dormir dans son grand lit solitaire, revivant la soirée trop tôt finie, elle s'en était sentie confuse au point de cacher, d'un geste d'enfant, son visage dans l'oreiller.

Durant cette soirée, où ils n'avaient pas eu un instant d'aparté, elle l'avait retrouvé tout différent de ce qu'elle l'avait vu le matin. C'était le Guisane, homme du monde, qui lui avait dit adieu devant l'hôtel, à Carantec; amical, certes, mais à la façon d'un étranger courtois; dans son regard, surpris plusieurs fois sur elle, seulement, elle l'avait retrouvé tel qu'elle aimait. Il s'était montré le brillant causeur qu'il savait être dans les milieux qui lui agréaient, parmi des hôtes de choix. La conversation dirigée par sa mère, maîtresse de maison consommée, avait fui le sujet exécré de la guerre que tous savaient redouté par elle. Et la causerie animée, spirituelle, variée, avait été celle de gens libres de tout souci... N'eût été le regard de M. Dabrovine, qui s'assombrissait dès qu'il se posait sur Guisane; n'eût été la robe de deuil de Mireille, l'expression mélancolique de ses yeux profonds, nul n'aurait pu soupçonner que cette mère avait un fils au front, très exposé; que cet homme qui dissertait si alertement de littérature et d'art, allait, deux jours plus tard, repartir au-devant du danger certain.

Comme ils s'étaient mal vus, en cette soirée, la dernière où ils se rencontraient... Maintenant, pour la visite d'adieu, il allait venir chez elle—la première fois; entrer dans le petit salon qui était vraiment sien, avec ses livres, ses bibelots favoris, les gravures qu'elle préférait. Et en elle, se ravivait la violente impression, pareille à de la joie, qui la troublait un peu...

Le timbre d'entrée résonna. Il était cinq heures. Sûrement, c'était Guisane.

La porte s'ouvrait. Le domestique annonça. Et ses yeux aperçurent la haute silhouette bleu clair, rencontrèrent le même regard qui l'avait saluée, dans la première minute de leur rencontre, là-bas, devant les *Croquis de guerre.*

C'était bien le Guisane qu'elle avait souhaité, celui qui entrait, et se courbait pour baiser sa main, avec une exclamation toute vibrante d'une allégresse jaillie du cœur même, semblait-il.

—Enfin, madame, je vais peut-être vous voir bien à mon gré!

—C'est-à-dire?...

Elle avait parlé de ce ton de badinage qui, d'instinct, lui venait pour voiler la douceur ardente que l'accent de Guisane insinuait en elle.

Près du foyer où flambaient quelques bûches, elle s'était assise. Lui, Guisane, resta debout, adossé au marbre de la cheminée, délaissant le siège qu'elle lui avait indiqué.

—C'est-à-dire, sans présence étrangère qui m'empêche de bien profiter des derniers instants que je puis vous demander. Les derniers!... Est-ce croyable que je sois obligé de dire une si affreuse chose, la vérité!... Vous ne pouvez savoir, mon amie, combien, en venant ici, j'avais la frayeur de tomber sur quelque malencontreuse visite qui vous aurait enlevée à moi, m'infligeant le supplice d'une conversation banale.

Elle sourit et dit, malicieuse un peu:

—C'est le souvenir de notre soirée, hier, qui vous fait parler ainsi?

—En d'autres circonstances, cette soirée m'aurait paru charmante, et loyalement, je reconnais qu'elle l'était. Mais... mais... il semblait odieux à mon amitié de vous voir si mal, de ne pouvoir librement bavarder avec vous, d'être obligé de vous dire des choses indifférentes. Vite, réparons le temps perdu... J'ai soif de vous entendre parler de vous!

—De moi?... Mais je n'ai rien à dire!... sauf que vous m'avez comblée et que je ne vous exprimerai jamais assez bien le plaisir que vous m'avez donné ainsi!...

Et, d'un œil ravi, elle regardait les fleurs.

—Oh! laissons cela, je vous en prie, madame. J'avais l'égoïsme de vouloir qu'après mon départ, vous gardiez, près de vous... quelque chose de votre peintre. Et maintenant, causons!

Il avançait une chaise près d'elle.

—Hier, à l'exposition, vous ne m'avez rien raconté de ce que vous avez fait à la *Commanderie*, des promenades que vous y avez aimées, des livres qui vous ont intéressée, des drôleries et des sottises de vos petits, etc., etc... Enfin, tout ce que vous ne m'avez pas écrit! silencieuse madame.

Elle le regarda, pensive et curieuse:

—Vous vous imaginiez donc que nous allions entrer en correspondance?

—Mais je l'espérais bien et je l'espère encore. Ne sommes-nous pas, maintenant, des espèces de vieux amis? J'avoue que Carantec m'a donné de très mauvaises habitudes... Je m'étais accoutumé à vous voir vivre près de moi... Et, désormais, je ne pourrai plus me passer de savoir tout ce qui vous touche... Vite, racontez. Les instants me sont tellement comptés!

Tout de suite, elle obéit, dominée par l'impérieuse prière des yeux qui l'interrogeaient autant que les lèvres... Elle sentait si vrai, que tout d'elle l'intéressait...

Elle répondait; mais aussi, elle questionnait, et leurs paroles se croisaient, se mêlaient, se heurtaient dans une sorte de hâte fiévreuse; car l'un comme l'autre, ils gardaient l'impitoyable notion du temps qui fuyait, de l'adieu que chaque minute rapprochait; un adieu que l'avenir redoutable faisait si grave.

Dehors, sous les fenêtres, une voix aiguë d'enfant cria:

—Demandez l'*Intran*... la *Liberté*... la *Presse*... Les nouvelles du soir!

Mireille eut un sursaut, arrachée au doux passé qui était redevenu le présent. Lui aussi, avait entendu. Et dans leurs âmes, attentives, un instant, à eux seuls, la conscience de la guerre rentra dominatrice, ne permettant pas l'égoïste oubli de son existence.

Dans le crépuscule d'automne qui, lentement, envahissait la pièce, le sentiment de l'Inexorable s'abattit sur eux.

Ils n'y eurent cependant pas même une allusion. A quoi bon?... Mais elle pria, un tremblement dans la voix:

—Vous ne me laisserez pas sans nouvelles de vous, n'est-ce pas?... C'est si dur de ne rien savoir quand on est inquiète...

Il écarta sa chaise et fut debout devant elle.

—C'est vrai, petite amie chérie? Vous aurez un peu de tourment pour moi?... Je devrais avoir la générosité d'en être navré... Et j'en suis si heureux que je ne puis que vous dire merci! Ah! c'est effrayant que vous me soyez devenue si précieuse!...

—Mon ami, mon ami, interrompit-elle, ardemment, il ne faut surtout pas que je vous devienne... trop «précieuse», comme vous dites...

Il eut un geste large qui écartait l'inutile conseil.

—C'est trop tard pour que je puisse retourner en arrière... Oh! Mireille, par quel sortilège vous êtes-vous ainsi emparée de moi, le célibataire endurci, sceptique, si jaloux de son indépendance... Emparée de moi au point qu'à cette heure, je suis à vous tout entier, que je ne peux plus concevoir ma vie sans que vous en soyez l'âme...

Brusquement, elle cacha son visage dans ses mains, tandis qu'il continuait, pensant tout haut:

—Je crois bien, en somme, que toujours, pour moi, vous avez été une petite idole dont l'indifférence un peu hautaine, jadis, m'était très pénible. Déjà, j'étais épris de votre forme harmonieuse qui était, de même qu'aujourd'hui, un enchantement pour mes yeux... Mais aussi, avec une invincible curiosité, je me demandais ce qu'il y avait de caché dans l'enveloppe charmante... Et puis, les circonstances nous ont rapprochés, et j'ai appris à vous connaître, Mireille. Aujourd'hui, j'aime votre âme, votre cœur, votre pensée, votre courage... Aussi, votre douleur... J'aime tout en vous, Mireille!...

Elle pencha la tête plus encore. Il ne voyait pas son visage, voilé par les mains qui tremblaient, mais seulement le cou, fin sous les cheveux sombres.

Et il l'entendit murmurer comme une plainte:

—Mon Dieu... Oh! mon Dieu!

Et ainsi, elle éveilla soudain, en lui, une telle pitié qu'il fut bouleversé par le remords de s'être trahi.

Avec une infinie douceur, il reprit, posant sa main sur l'épaule qu'il voyait tressaillir:

—Ne vous troublez pas ainsi, mon aimée. Je ne demande rien de vous... Je n'espère rien, à cette heure... Je sais que je n'ai rien à attendre. Et j'en suis si convaincu, que j'étais bien décidé à partir sans vous faire l'aveu qui vient de m'échapper. Et puis... à quoi tiennent les résolutions les plus sincères?... Tout à coup, en entendant annoncer le *communiqué* du soir, j'ai eu la vision de l'avenir vers lequel je vais et que j'oubliais près de vous... Et, soudain, il m'a paru impossible de partir sans vous avoir dit ce... ce pourquoi je me suis enfui de Carantec... parce que j'avais entrevu ma faiblesse, le soir où vous aviez tant de peine, dans le jardin...

Elle murmura:

—Oh! pour cela!... C'était pour cela!

—J'avais vu à quel point je m'étais pris à vous adorer, Mireille.

Cette fois, elle releva la tête, avec une sorte de cri d'angoisse:

—Non! Non!... Il ne faut pas!!!

—Il ne faut pas... quoi?... Vous dire ces paroles? vaines, je le sais... Mais pourquoi non, puisqu'elles sont la vérité et puisqu'elles sont mon adieu?... Si... je ne reviens pas, vous vous souviendrez, Mireille, que je vous avais offert toute ma vie, pour que vous en fassiez... ce que vous auriez voulu... Si, au contraire, la destinée m'est indulgente et me ramène, alors vous vous rappellerez, je vous en supplie, que je reviens, n'ayant pas désormais de plus cher désir que de me consacrer à vous, pour que vous ne soyez plus seule, pour vous aider à élever votre fils, votre toute petite... Et aussi, Mireille, parce que je suis un homme pareil aux autres... et qu'ayant entrevu le bonheur que je puis goûter près de vous, je n'ai pas le courage de vous laisser passer, sans tenter de vous arrêter!

Toute pâle, avec de larges prunelles douloureuses, elle le regardait passionnément, ses mains jointes, comme si elle l'implorait:

—Mon ami, au contraire, il faut passer. Personne ne doit mettre en moi son bonheur, car je ne compte plus parmi les femmes qui peuvent l'apporter dans l'existence d'un homme... Mon ami cher, très cher, qui ne serez jamais rien d'autre pour moi, il faut oublier ce que votre dévouement a rêvé, car c'est l'impossible!

—L'impossible?... En quoi?... Pourquoi?... L'impossible?... Maintenant oui... Mais dans la suite... plus tard...

—Plus tard, ce sera comme aujourd'hui... J'appartiendrai toujours à Max... Je ne me remarierai pas.

—Folie! Folie de penser cela!... Mireille, vous êtes très jeune, que savez-vous de l'avenir!

—Je ne me remarierai pas... Je ne le veux pas... Et je ne le *dois* pas...

Impératif, il questionna:

—Vous ne le devez pas... Pourquoi? Quelle mystique obligation vous croyez-vous donc?

Elle secoua la tête; la même expression ardente et grave donnait à son visage une saisissante beauté.

—Oh! je sais bien que je ne suis liée par aucune obligation, ni promesse... Je suis absolument libre de disposer de moi-même...

—Alors?

Elle ne répondait pas, comme si elle ne pouvait se résoudre à ouvrir l'intimité de son âme. Et pourtant! Il méritait qu'elle fît pour lui ce sacrifice, l'homme qui lui offrait l'amour même que, jadis, elle avait vainement rêvé... Par lui, elle en était sûre, elle était aimée comme elle l'avait tant souhaité...

Penché vers elle, il répétait:

—Alors, Mireille?

—En ma conscience, dit-elle lentement, je pense que ce serait mal... méprisable... lâche, de me refaire une vie heureuse...

—Heureuse!... O bien-aimée... Vous le sentez donc que, près de moi, vous pourriez encore être heureuse!

Et il se courba sur les mains glacées que ses lèvres brûlaient.

Tout de suite, elle les reprit.

—Oui, avec un homme tel que vous, la nouvelle Mireille...—l'autre, celle de Max, est morte comme lui...—pourrait être heureuse encore, heureuse infiniment... Et j'en suis si honteuse! Ah! qu'est-ce donc qu'un cœur, pour qu'ayant perdu tout ce qu'il aimait, il garde encore la soif du bonheur!... Mais ce bonheur, je ne dois pas, je ne *veux* pas le prendre... Lui, mon Max, n'a plus rien... Il adorait la vie autant que moi... Pourtant, il est allé au-devant du danger, volontairement, sans hésiter devant le sacrifice qui lui en serait peut-être demandé... Aussi...

Elle s'arrêta, comme si elle se recueillait pour mieux entendre son âme. Lui, sans un mot, l'écoutait.

—Aussi, c'est la simple justice que moi qui le chérissais, moi, sa femme, qui avais, comme lui, la foi que nos deux existences étaient à jamais liées, c'est la justice que je partage son sacrifice... Il a donné sa vie et tout ce qu'il pouvait espérer... Je dois être aussi généreuse et faire, comme lui, le sacrifice de mon avenir... Si vous saviez comme, cela, je le sens fort, et clairement! Vous me comprenez?... dites? mon ami.

La voix était suppliante, comme le regard où brûlait une flamme, comme la main qu'elle posait sur le bras de Guisane. Il inclina silencieusement la tête. Que pouvait-il répondre au sentiment qui la faisait parler, dont l'élévation arrêtait sur ses lèvres toute égoïste prière. Pourtant, selon la sagesse humaine, c'était insensé, ce renoncement qu'elle prétendait pratiquer. Avec quelle autorité il le lui eût dit, si sa propre destinée n'eût pas été en jeu... Mais, même pour elle, ne devait-il pas lutter contre l'inutile sacrifice?

Et il reprit, attirant entre les siennes la main qui frémissait sur son bras:

—Oui, Mireille, je comprends... Je vous admire...

—Oh! non! pas ce mot! je vous en prie. C'est si naturel ce que je pense... Tous ceux qui aiment en jugeront ainsi!

—Mireille, ne craignez-vous pas d'exagérer votre devoir envers celui que vous avez tant aimé?... Lui, ne souffre plus de ce qu'il a perdu. Et vous dont il voulait le bonheur...

—Par lui!... Non par un autre!... interrompit-elle désespérément.

—Croyez-vous qu'il eût eu cet égoïsme féroce? Ne lui faites pas cette injure, Mireille! Vous avez à peine vingt ans... En vous, c'est la vie, avec tout ce qu'elle met dans l'être des jeunes... Et pour obéir à un devoir mystique, je le répète, et que vous vous créez, vous prétendez devenir insensible, ne plus exister que liée à... un souvenir!

—Oh! Patrice! oh!

—Mireille, enfant chérie, c'est un crime contre vous-même que vous risquez d'accomplir là!

Elle tressaillit, tant il y avait de conviction dans la voix de Guisane. Mais, en elle, cependant, demeurait invincible le sentiment complexe de révolte, d'indignation, d'impossibilité, à la seule idée qu'elle pourrait se prêter à refaire sa vie.

—Vous croyez que j'ai tort?

Et dans l'ombre qui envahissait la pièce, il voyait les yeux sombres l'interroger éperdument:

—Tort?... Oh! non!... Est-ce qu'on a tort de s'attacher à un idéal très beau? Mais il faut compter avec notre humaine faiblesse... C'est une résolution si grave que vous avez prise, sans pouvoir en mesurer toutes les difficultés...

Elle eut un faible sourire, tristement ironique.

—Et vous trouvez que c'est bien orgueilleux, à moi, de me croire assez forte pour l'accomplir? Mais je ne suis plus la créature, ardente et folle, qui voulait impérieusement jouir de la vie... La guerre, l'angoisse, la souffrance m'ont créé une autre âme... J'ai appris à renoncer... Et je sais bien à quoi je renonce... Car...

Elle s'arrêta.

—Car?... répéta-t-il, avide de connaître toute sa pensée.

Presque bas, elle continua, la voix sourde, les yeux fixés sur la flamme du foyer:

—Car j'ai encore au cœur une misérable soif d'être heureuse; si intense, que j'en suis effrayée et révoltée contre moi-même! Quand j'ai perdu Max, j'ai cru que jamais plus je ne pourrais sentir que de la douleur... Et pourtant...—avec quelle humiliation, je vous le confesse, pour expier ma fragilité!...—il y a des moments où je peux être gaie, presque comme autrefois... Je peux, de nouveau, jouir de ce que j'aimais... du soleil, des fleurs, de l'art, de mes lectures, des amitiés... Je peux jouir... profondément, de l'affection que vous me donnez, mon ami. Il y a des heures abominables où je voudrais posséder, de nouveau, tout ce que j'avais en partage... Ah! si dans l'Inconnu où il est entré, Max voit ma faiblesse, comme il doit me juger!

Elle avait parlé avec une sorte d'emportement désespéré, livrant toute sa pensée, parce qu'elle savait celui qui l'écoutait d'âme assez haute pour la comprendre.

Et il ne la comprenait que trop. Le cœur exquis qu'il avait deviné se faisait le gardien jaloux du passé, lui commandait d'y rester rigoureusement attaché, fidèle même au prix du sacrifice entier de l'avenir. Et lui ne devait pas prononcer un mot qui troublât le souvenir que cette fidèle gardait de l'homme auquel, même dans la mort, elle voulait demeurer unie...

Cependant, il avait reçu les suprêmes confidences de Max Noris dans une dernière causerie, avant le départ qui devait être sans retour... Et, comme Maud, il pensait qu'il n'y a pas d'homme—ou de bien rares!...—qui vaille le sacrifice d'une existence... Mais il était incapable de dire cela et avec tout le douloureux amour qu'elle lui inspirait, à cette heure où il avait le sentiment de la perdre, il reprit:

—Mireille, ne soyez pas injuste envers vous-même!... Si les morts nous voient, votre mari peut, au contraire, vous bénir, pour le souvenir que vous lui gardez...

Simplement, elle murmura:

—C'est vrai, tout ce que je puis, je le lui donne... Nous ne sommes pas maîtres, hélas! de nos sentiments, mais nos actes dépendent de nous. Et c'est pourquoi, si je ne peux garder ma peine, vibrante comme je l'espérais, je *veux* du moins ne pas m'en détacher, en recommençant ma vie, pour mon bonheur, alors que, pour lui, Max, il n'y a plus de bonheur...

Son accent avait quelque chose de tellement irrévocable qu'il n'essaya plus de la dissuader. Le temps seul pourrait changer son sentiment—peut-être!

Le voyant silencieux, elle leva sur lui ses prunelles passionnées qui l'imploraient et elle vint à lui debout, le visage sombre, devant la cheminée.

—Mon ami, dites-moi que vous ne m'en voulez pas!

—Vous en vouloir! mon pauvre amour. C'est moi qui ai à vous demander de me pardonner cette conversation inutile et si pénible pour vous...

Un sourire irradia le visage de Mireille.

—Oh! non, pas pénible! Cela me fait tant de bien de savoir que vous m'êtes ainsi attaché! Il valait mieux que l'un et l'autre nous nous révélions, en toute loyauté, ce que nous pensons... Ainsi, désormais, je compterai sur vous, comme sur le meilleur, le plus cher de mes amis, et vous savez, qu'en retour, je vous donne de moi... tout ce que je puis encore donner... Vous serez très généreux, n'est-ce pas? Vous m'aiderez, au lieu de me tenter, à accomplir ce qui me semble être mon devoir...

Guisane ne pût maîtriser un cri de révolte.

—Mireille bien-aimée, je ne suis pas un saint et c'est un renoncement de saint que vous me demandez là!... Je ne suis qu'un pauvre homme qui, tout entier, désirait le bonheur par vous et qui souffre...—comme jamais davantage il ne souffrira...—que vous le lui refusiez...

—Cher, si à ce prix seulement vous pouvez retrouver la paix, il faudra faire... *tout!*... pour m'oublier!

Il haussa les épaules.

—Vous oublier!... Moi aussi, Mireille, je suis de la race des fidèles!

—C'est pourquoi j'aime tant votre âme, j'ai tellement foi en vous...

—O mon cher, cher amour! dit-il tout bas.

Et, d'un geste de protection, sa main se posa sur les cheveux souples. Mais, pour elle, il eut la force de ne pas céder à la torturante tentation de baiser le cher visage qu'il avait attiré sur sa poitrine. Seulement, comme à la lueur du feu il apercevait de grosses larmes qui filtraient sous les paupières abaissées, il se pencha et ses lèvres les burent...

Devant la porte, des pas d'enfants résonnaient et la voix de Jean demanda:

—Maman! vous n'oubliez pas que vous m'avez promis de m'appeler pour dire adieu à M. Guisane?

L'adieu!... Ah! oui, il fallait maintenant le prononcer... Et, conscients que la minute suprême était arrivée, ils se regardèrent, les yeux dans les yeux... Il murmura:

—Oui, il faut partir... Comme j'avais oublié!

Et elle répondit à l'enfant:

—Va chercher France et reviens avec elle.

Elle entendit les pas sonner dans la galerie. Guisane, alors, pria, la voix brève:

—Mireille, donnez de la lumière, que je vous revoie... seule... encore une fois!

Elle sentit que la hantise de la cécité possible traversait son cerveau. Sans répondre, elle obéit, appuyant sur le bouton du commutateur, et la lumière, délicatement tamisée, tomba sur elle, toute blanche, avec un regard douloureux et tendre, une expression désespérément triste sur sa bouche d'amoureuse.

La lumière aussi baignait l'image inerte de celui qui n'était plus, dont l'âme peut-être errait près d'elle... Et la haute stature de celui qui respectait l'amour plus fort que la mort et contemplait, le cœur broyé, celle qu'il n'osait plus espérer faire sienne.

—Maman, nous voilà! Nous pouvons entrer?

—Oui, entrez.

C'était l'irrévocable adieu. Entre elle et lui venaient se placer les enfants de l'*autre*...

V

LES derniers jours de l'année étaient toujours tristes pour Mireille... D'abord parce qu'ils coïncidaient à peu près avec l'époque où elle avait perdu son mari... Et puis la fête de Noël, le premier de l'an lui rappelaient de si joyeuses heures, au temps de sa courte vie d'épouse!

Pourtant, cette année-là, elle n'avait pas ressenti la lourde impression d'isolement qui la meurtrissait aux précédents anniversaires. Était-ce parce que le courrier du 31 décembre lui avait apporté de très bonnes lettres? Un mot exultant de Bernard. Car le général de Vologne consentait au mariage de sa fille, lors de la première permission du fiancé, sans attendre la fin de la guerre. Un billet très tendre de Christiane qui lui apportait la même nouvelle... Et aussi, une brève causerie de son ami, écrite au roulement du canon, si profondément affectueuse qu'elle en avait encore chaud au cœur. Ah! comme il l'aimait, bien qu'elle se fût refusée à lui... Que c'était doux de se sentir, à l'heure actuelle, du moins, l'âme de sa vie! Doux et peut-être bien imprudent, bien égoïste d'en être heureuse ainsi. Car elle acceptait un attachement qui pouvait faire le malheur de Guisane, s'il ne se résignait pas à l'enfermer dans les limites de l'amitié... A ces questions qui troublaient sa délicate conscience, elle songeait, assise au bureau de Max où elle était venue écrire des lettres. Elle aimait à se retrouver dans cette pièce où le souvenir de son mari disparu demeurait plus vivant, car elle y avait tout laissé, comme le jour où il en était sorti pour n'y jamais plus rentrer...

Les coudes sur le bois, le visage appuyé sur ses mains jointes, elle réfléchissait, devant le portrait de Max qui surmontait le bureau; et tout à coup, elle murmura:

—Tu veux bien, dis, Max, qu'*il* soit mon ami? Je suis à toi, toujours... ta Mireille... Mais lui est si bon pour moi!... Et il est exposé! Je ne peux pas attendre, indifférente, des nouvelles qui viendraient, par hasard, de Bernard...

Ah! oui, c'était impossible!... Désormais, il lui fallait, écrites pour elle seule, les lettres—bien espacées!—où il n'y avait pas un mot d'amour mais qui lui apportaient le sentiment qu'une vigilante tendresse l'enveloppait...

Distraitement, tout en songeant, elle regardait les divers objets restés sur le bureau, ainsi que Max lui-même les avait placés. Même un volume de Verlaine, qu'ensemble ils avaient relu, la dernière semaine, était demeuré à la place où il avait dû le poser... Au lieu d'aller rejoindre les autres ouvrages favoris de Max, dans sa bibliothèque.

Et, pour la première fois, elle pensa tout à coup:

—C'est un enfantillage de ne pas ranger ce livre... Peut-être n'était-ce pas Max qui l'avait mis là, dans ce bureau où peut s'abîmer la reliure à laquelle il tenait tant!

Comme une relique, elle prit le livre que ses doigts tremblants entr'ouvrirent.

Un papier s'en échappa et tomba sur le tapis, une lettre, rayée de grands caractères qui se détachaient hardiment sur le fond crémeux du papier.

D'un mouvement machinal, Mireille se pencha et releva la feuille sur laquelle s'attachèrent ses yeux surpris. Aussitôt, devant sa vue, un nom flamba: «Maud.» Cette lettre était signée Maud. A qui était-elle adressée?... Comment était-elle dans ce livre?

Mireille eut une aspiration profonde, cherchant l'air pour sa poitrine qu'un choc mystérieux avait rendue haletante. Ses prunelles s'étaient rivées à la lettre. En elle, se réveillait, impérieuse, la crainte qui, tant de fois, l'avait sourdement obsédée...

Soudain, elle comprit que, à n'importe quel prix, il lui fallait la vérité. Sans réfléchir, dominée par la soif de savoir ce qui avait été, elle lut:

«C'est un supplice de ne pas t'avoir un seul instant, à moi vraiment!... Tantôt, à ce thé, je n'ai pu t'approcher seul, un moment. J'en avais la fièvre!

«Max, pourquoi ne viens-tu pas jusqu'à moi? Mon bien-aimé, rappelle-toi les heures merveilleuses que nous avons eues, avant que commence le cauchemar maudit de la guerre. Max, les minutes fuient si hâtives qu'il faut saisir au passage celles que le Destin nous offre. Tout mon être t'appelle... Viens!... Viens près de moi, ne fût-ce qu'un instant!

«Je te donnerai tant d'ivresse que ta fièvre heureuse finira bien par égaler la mienne, comme il en fut, à ces heures que, pas plus que moi, tu n'as pu oublier... Promets-moi que tu vas venir, demain, Max, en souvenir de notre passé qui a été beau comme un rêve et qui, cependant, fut une réalité dont l'oubli nous sera à jamais impossible...

«Max, je t'attends!... Viens, viens, viens...

«Ta MAUD.»

>

En toutes lettres, hardiment, follement, c'était signé.

Mireille avait lu tout d'un trait. Et maintenant, d'un geste de créature écrasée qui cherche à comprendre, elle passait la main sur son front; avec stupeur, elle levait vers le portrait de Max des prunelles que l'angoisse dilatait...

Ainsi cette chose horrible dont la crainte était latente en elle, cette chose s'était accomplie... Max et Maud l'avaient trompée, sans souci de l'amour, de la tendresse que, stupidement confiante, elle leur témoignait. Pas une seconde, elle n'en pouvait plus douter. Une certitude était entrée en elle, que rien ne pourrait détruire...

Ils l'avaient trompée... quand cela?... Avant la guerre. Cette lettre non datée le disait... Un souvenir jaillit dans son cerveau;—ainsi, dans la nuit flambe un éclair.—Elle revit le carrefour de la forêt de Fontainebleau où Max lui avait parlé de son dîner chez Maud; où son attitude lui avait donné l'impression qu'il lui taisait quelque chose... En elle, se ravivait, intense, le sentiment qui, jadis, l'avait bouleversée, sous l'éclair d'une intuition.

Elle murmura, le cœur déchiré par une souffrance, plus affreuse encore que le jour où elle l'avait perdu:

—Oh! Max, Max! tu as fait cela!

Ce jour de Fontainebleau qu'elle retrouvait si présent, quand il était venu à elle, c'était au sortir des bras de Maud. Et cependant, il s'était montré pour elle le mari amoureux qu'elle adorait... Il avait baisé sa bouche avec des lèvres chaudes encore de celles de Maud... Il lui avait dit les mots, donné les noms que sa voix, frémissante dans le désir, avait donnés à Maud... Quand elle avait dormi, confiante, sur son cœur, il songeait peut-être à *l'autre*, près de qui il venait de connaître «l'heure merveilleuse» entre toutes...

Instinctivement, elle passa la main sur ses lèvres, les frottant de ses doigts glacés, comme si elle pouvait effacer le frôlement des lèvres menteuses qui lui avaient été chères... Puis, encore une fois, elle se reprit à lire l'affreuse lettre... Comment était-elle là, cette lettre?... Depuis quelle permission de Max?... Tout à coup, dans sa pensée qui fouillait, revivait un menu incident. C'était la dernière fois que Max était venu... Le matin de leur départ imprévu pour la *Commanderie*. Entrant dans son fumoir, elle l'avait trouvé très affairé à chercher «un papier important, avait-il expliqué, qu'il avait égaré». Elle avait voulu l'aider, le voyant bousculer les tiroirs de son bureau. Mais il s'y était refusé avec une sorte de vivacité impérieuse dont elle avait été surprise un peu. Il s'en était aperçu, si nerveux fût-il, et tout de suite, l'accent changé, il avait dit:

—Certainement, j'ai dû laisser ce papier au ministère. J'y repasserai. Ne t'en inquiète pas, chérie.

Et aucune divination ne l'avait avertie qu'il venait encore de lui mentir... Alors, elle avait naïvement cru qu'il s'agissait de quelque pièce militaire, concernant son service, et elle n'avait pas insisté, distraite, d'ailleurs, par la pensée divine qu'ils partaient tous deux, pour être enfin entièrement l'un à l'autre... Et quel époux-amant il s'était montré pour elle, pendant ces dernières heures, alors que, peut-être, il sortait de répondre à l'appel de Maud... «Viens... Viens... Viens...»

Dans le cerveau de Mireille, que le désespoir martelait, le mot sonnait sans relâche.

Quand Maud avait-elle écrit cette lettre?... Après un thé... Lequel?... Ils en avaient eu tant, cette semaine-là.

Qu'avait-il répondu?... Avait-il cédé à la prière que la tentatrice lui envoyait, insouciante, dans sa passion, que la lettre fût trouvée!...

Ah! c'était plus cruel encore, s'il l'avait de nouveau trahie, en ces jours de tempête, après qu'elle-même l'attendait, fidèle, crucifiée par son angoisse pour lui!... Était-ce possible que cette abomination fût vraie?

Et c'était à ce menteur qu'elle avait voulu demeurer éternellement attachée... Pour l'amour de lui, qu'elle s'était refusée à l'homme qui, aujourd'hui, l'aimait... Qui savait peut-être la vérité sur le mari tant regretté et avait eu la générosité de ne lui laisser rien soupçonner... Peut-être bien d'autres aussi savaient et souriaient de son obstination à s'enfermer dans son deuil...

Abîmée dans sa souffrance, elle demeurait debout devant le bureau, ses yeux sans larmes fixés sur le portrait qu'elle interrogeait désespérément. Avait-il été retrouver Maud?... Oh! savoir... savoir!...

Maud, seule, maintenant pouvait lui répondre... Et il faudrait bien qu'elle le fît...

Une inflexible résolution durcissait le cœur de Mireille... En même temps, l'impression grandissait en elle, qu'une seconde fois, elle venait de perdre Max, et plus complètement encore... Pour les rapprocher, au delà même de la mort, il n'y avait plus le souvenir de leur amour... Maintenant, elle avait la sensation que cet amour gisait dans la boue...

VI

SI Mireille avait obéi à son premier sentiment, tout de suite elle eût été parler à Maud, tant elle éprouvait, intolérable, le besoin de savoir.

Mais une réserve instinctive, une sorte de pudeur l'arrêtait au moment de remuer cette lie qui éclabousserait celui qu'elle avait adoré. Et puis, quel supplice de se retrouver devant sa menteuse amie à qui elle n'avait jamais donné que de la tendresse... D'apprendre des détails, peut-être, qui lui serait une nouvelle douleur et préciseraient la trahison...

Or, voici que deux jours après, le hasard amena cette rencontre dont elle avait peur, tout en la souhaitant et la sachant inévitable.

A la fin de l'après-midi, comme elle sortait de chez sa mère qui recevait, sur le seuil de la porte cochère, elle se trouva en présence de Maud, descendant de voiture.

La jeune femme l'accueillit par une exclamation de plaisir:

—Oh! Mireille, je suis contente de t'apercevoir!... Remonte avec moi chez ta mère, pour que nous passions un instant ensemble, dis, chérie.

«Chérie!» Maud osait l'appeler ainsi après lui avoir volé son mari, lui avoir infligé la plus terrible injure dont une femme puisse atteindre une autre.

Une seconde, avec une sorte d'effroi devant cette inconscience, elle la considéra; et ses yeux étaient si sévères, étincelants d'une révolte si méprisante, que dans ceux de Maud une surprise monta:

—Qu'est-ce que tu as, Mireille?

—Je te le dirai un jour où nous pourrons causer tranquillement... Adieu, Maud.

Elle ne lui tendait pas la main. Aucun sourire n'éclairait son visage; et, se détournant, elle partit, rapide, frêle ombre noire dans le crépuscule.

Une autre que Maud Ypsilof, voyant Mireille si différente d'elle-même—et se souvenant...—fût peut-être restée à l'écart, tant qu'elle ignorait le pourquoi de cette attitude nouvelle. Mais Maud était une impulsive qu'aucune menace de danger n'aurait pu faire reculer. Le lendemain même, tandis que, avant de sortir, Mireille cherchait une revue dans la bibliothèque de son mari, elle s'entendit soudain annoncer:

—Mme la princesse Ypsilof est au salon et demande si elle peut voir Madame.

Mireille éprouva la sensation d'un poids longtemps menaçant qui s'abattait tout à coup sur son cœur, et il lui fallut un effort pour retrouver le souffle qui lui manquait. Puis, elle commanda:

—Faites entrer ici.

Obéissant à une irrésistible impulsion, elle avait donné l'ordre. Là, dans cette pièce où le souvenir de Max était si présent, devant son image, Maud n'oserait pas lui mentir... Alors, elle allait savoir...

Ses mains se serrèrent d'angoisse. Droite, elle attendait.

Le domestique écarta la lourde tapisserie de la portière, et Maud apparut, très belle, apportant le pénétrant parfum de fleur qui l'enveloppait toujours, mais un peu pâle, comme si elle eût été violemment saisie de se voir, contre toute prévision, reçue dans la pièce qui avait été le séjour favori de Max. Et, tout de suite, son regard courut vers le portrait, sur le bureau, tandis qu'elle avançait vers Mireille, restée immobile, sans geste d'accueil.

Elle, très vite, l'embrassa d'un mouvement si spontané, que la jeune femme ne put se dérober. Mais elle eut un recul violent que Maud perçut... Et puis, les lèvres de Mireille n'avaient pas rendu le baiser...

Alors Maud s'écarta un peu, devenue plus pâle encore, et regardant son amie, elle s'exclama:

—Mireille, que tu es étrange!... Que t'est-il arrivé?... Tu m'as dit que tu désirais me parler... Tu as quelque chose contre moi?

Le regard de Mireille se posa sur elle:

—J'ai à te rendre quelque chose qui t'appartient.

—Quelque chose?... Quoi?...

—Un papier.

—Comment, un papier?... Quel papier? Que veux-tu dire?...

—Un papier que le hasard a fait tomber entre mes mains et que je ne veux pas garder... D'ailleurs, il est à toi, signé par toi.

Toutes deux étaient restées debout. Maud saisit les poignets de Mireille et ses yeux brûlants, dont le regard devenait tout ensemble aigu et anxieux, cherchèrent ceux de sa cousine.

—Mais, Mireille, que signifie tout cela?

—Une chose bien simple et cependant terrible... Tu vas comprendre.

Mireille avait dégagé ses mains sans que Maud essayât de les retenir ni de l'arrêter, tandis qu'elle allait vers le bureau, l'ouvrait et prenait la feuille.

Dans son cadre, Max regardait avec sa hardiesse caressante. Et son âme, où était-elle? Entendait-elle l'accusation devant laquelle il n'avait aucune défense possible?...

Mireille tendit le papier à la jeune femme qui semblait pétrifiée.

—Tiens! c'est à toi, cette lettre.

Maud la saisit d'un geste éperdu et y jeta un coup d'œil.

Il n'y avait plus vestige de couleur sur son beau visage qui se contractait.

—Où as-tu trouvé cette lettre? interrogea-t-elle violemment.

—Dans un livre de Max.

—Ah! en inventoriant le bien de celui qui n'est plus là, pour défendre son intimité contre ta curiosité!... Toi, toi, tu as fait cela! toi! la délicate Mireille.

La femme de Max Noris eut un méprisant geste d'épaules.

—J'ai touché à ce livre pour le ranger, Maud, et la lettre que Max avait crue perdue en est tombée... Je n'avais aucune curiosité. J'ai le respect des secrets de ceux qui ne sont plus, mais...

—Mais cependant tu as lu!

—Oui, sans réfléchir... D'ailleurs, j'en avais le droit!... J'ai lu d'instinct. Et c'est horrible d'avoir lu!

—Tu as lu!... Tu as lu!...

—Oui...

—Et... et tu t'es imaginé... des folies!

—Je ne me suis rien imaginé... J'ai appris une vérité affreuse...

Maud regardait la jeune femme avec des prunelles dilatées. Elle, Mireille, avait la sensation que son cœur gisait, broyé. Et, dans sa torture, criait la soif de savoir si son mari avait répondu à l'appel éperdu que renfermait cette lettre.

Pourtant elle se taisait, sachant Maud capable de lui répondre par un mensonge.

Mais la jeune femme s'était laissée tomber sur une chaise basse, et la tête penchée, elle lisait la lettre comme si elle ne la connaissait pas.

Puis elle se redressa; et ardemment, elle demanda:

—Cela te ferait-il un peu de bien, Mireille, de savoir qu'il n'est pas venu, comme je l'en suppliais?...

Un frisson secoua Mireille. Une seconde, l'étau qui lui broyait le cœur se desserra.

—Tu dis qu'il n'est pas venu?

—Non, il n'est pas venu.

—Oh! est-ce la vérité? murmura Mireille désespérément.

—C'est la vérité, Mireille.

—Jure-le-moi sur... sur ta vie... sur celle de mes petits... sur son souvenir à lui...

Sans hésiter, Maud prononça, avec un accent où, vraiment, la sincérité vibrait:

—Je te le jure. Il n'est pas venu... Je lui avais envoyé ma folle prière après... après ce thé chez ta mère où j'avais été exaspérée de le voir si mal... Car je l'adorais!

—Tais-toi! Maud, commanda Mireille, sa douce voix devenue impérieuse.

—Le lendemain, j'ai reçu de lui une lettre... que tu pourras lire... que je conserve comme une relique, et qui a éveillé en moi le remords à ton égard... Car jusqu'alors... tu me connais, la passion m'absorbait seule... depuis surtout que je l'avais revu...

—Tu l'avais revu?... Quand?... Tu comprends, maintenant que j'ai appris, il faut que je sache tout... Pour la première fois, quand était-ce arrivé? Comment?...

La voix de nouveau impérative, ses mains serrées l'une contre l'autre, Mireille interrogeait, debout devant Maud abattue sur sa chaise basse; et, encore une fois, d'instinct, ses yeux cherchèrent, dans le cadre de cuir, le jeune visage souriant, le regard qui avait menti, la bouche qui avait cherché la bouche de l'amie...

D'une voix sourde, Maud disait:

—Quand?... Au printemps qui a précédé la guerre... Tu étais à Fontainebleau avec Jean... Lui, seul à Paris... Je lui ai demandé de venir dîner avec moi... Depuis longtemps, tout bas, j'étais folle de lui... Je le lui ai avoué, après l'avoir, avec toute la puissance de ma passion, grisé de... de ce qu'il appelait, tu te rappelles? «mon charme capiteux».

Le visage de Mireille se contracta. Mais elle n'eut pas un mot. Ses yeux continuaient d'exiger la cruelle vérité.

—Lui... tu le connais... il était comme tous les hommes... un altéré d'amour...

—J'étais là pour lui en donner, interrompit Mireille d'une voix si dure, qu'il semblait qu'une autre parlât.

—Non, tu n'étais pas là, justement... Et la nuit était douce divinement... Une nuit de printemps... Une vraie nuit d'amour...

Un cri bondit du cœur de Mireille:

—Tais-toi!... Ne me dis pas cela!

—Mireille, tu veux savoir... Pense, je t'en supplie, que nous avons un moment perdu la raison... Et que l'acte des insensés doit être pris comme tel...

Une expression d'amertume infinie crispa la bouche de Mireille.

—Ce soir-là, seulement, vous avez été fous? Maud, ne me mens pas! Il faut que je connaisse la vérité!

—Cette semaine-là, tandis que tu étais absente... Et puis, tu es revenue... Après, la guerre a éclaté...

—Alors?...

—Alors, il m'a laissée... pour toujours!

Mireille, comme si la force, soudain, l'abandonnait, se laissa tomber sur le divan où, tant de fois, près de *lui*, elle avait connu de si doux instants... Le murmure du passé lui arrivait en rafales...

Maud continuait à tordre ses mains d'un geste machinal; elle aussi regardait vers les jours enfuis.

Brusquement, Mireille releva la tête et questionna:

—Tu dis qu'il t'a laissée... pour toujours... Cependant, il est revenu en permission.

—Il s'était ressaisi... Et, en lisant la lettre par laquelle il a répondu à mon billet, j'ai compris pourquoi il était perdu pour moi...

—Maud, cette lettre, je veux la voir...

La jeune femme inclina la tête.

—Tu l'auras... Mais tu seras généreuse, n'est-ce pas, tu me la rendras?... Pour moi, je te l'ai dit, elle est une relique... C'est tout ce qui me reste de lui...

—Avec tes souvenirs! fit Mireille, une âpreté sombre dans la voix.

Un sourire amer passa sur les belles lèvres, souples et lourdes.

—Oh! mes souvenirs... Je n'ai plus qu'un désir, les oublier, les rejeter de mon cœur, de mon cerveau! Il le faut bien pour que je puisse recommencer ma vie...

—Tu veux... tu veux te remarier!... malgré... ce qui a été?... Tu veux tromper un honnête homme en te donnant à lui comme une honnête femme?... Mais quelle conscience as-tu donc, Maud!...

Mme Ypsilof eut son geste familier et haussa les épaules.

—Je n'ai pas de conscience... Je n'ai qu'un appétit de bonheur... de bonheur tel que je le comprends... si impérieux que je sacrifie tout pour le rassasier... Sois tranquille, je n'épouserai qu'un être à ma hauteur... qui m'apportera... ce que moi-même je lui offrirai... Nous serons quittes!... Tu le sais bien que je me juge indigne d'un homme comme Guisane...

—Ne parle pas de Guisane!... commanda Mireille d'un élan dont elle ne fut pas maîtresse. Que son nom même ne soit pas mêlé à ces vilenies!

—Mireille, il faut pourtant que je te dise quelque chose qui te fera mieux encore pénétrer ce qu'il est... Il sait qu'un moment... Max a mal agi envers toi...

—Il sait!... Comment sait-il?

—Parce que... pendant les dernières heures qu'ils ont passées ensemble, Max lui-même a avoué la trahison qu'il se reprochait tant...

Mireille regarda sa cousine avec des prunelles où il y avait de la stupeur.

—Mais comment, toi, Maud, sais-tu ce qu'ils ont dit ensemble?

—Là-bas, à Morgat, Guisane et moi, nous avons parlé de toi. Il m'a fait une réflexion qui m'a montré qu'il connaissait la vérité... Mais tu as vu, même pour t'obtenir, peut-être, toi qu'il adore... il n'a pas voulu altérer le souvenir que tu gardais de Max! Mireille, il m'a semblé que cela, il valait mieux que tu l'apprennes. Maintenant, tu n'ignores plus rien... Je n'ai plus qu'à te dire adieu...

Elle se levait et passait la main sur son front d'un geste d'infinie lassitude. Mireille, épuisée, n'avait plus une parole.

—... Je n'ai plus qu'à te demander pardon... oh! de toute mon âme, avec tout ce qui s'y trouve de moins mauvais... de ma trahison, du mal que je viens encore de te faire et que j'aurais tant voulu t'épargner... Car c'est pour te l'éviter que j'ai résisté, bien des fois, à la tentation de m'accuser devant toi... Ah! pourquoi cette lettre est-elle tombée entre tes mains!

—Parce que la justice l'exigeait, prononça lentement Mireille.

—Oui, la justice est sans pitié!... Ah! de la pitié, Mireille, aies-en pour moi, je t'en supplie!... Souviens-toi que Max t'a donné ce que personne d'autre n'a eu de lui... Méprise-moi, je le mérite. Mais... plus tard... pense à moi sans colère...

—Je n'ai pas de colère, mais seulement de la souffrance... Ah! une souffrance pire encore que quand j'ai appris qu'il m'était enlevé!... Il ne me reste plus rien de lui. Pas même le souvenir de notre amour qui me fait mal... et dont j'ai presque l'horreur maintenant!... Oh! je voudrais mourir!

Maud la contemplait avec des yeux désespérés.

—Mireille, quand tu auras lu sa lettre, je suis sûre que tu ne penseras plus ainsi...

—Cette lettre, tu vas me l'envoyer aujourd'hui même. Je ne peux pas attendre!...

—Tu l'auras ce soir... Je te la confie. Adieu, Mireille.

—Adieu...

Une seconde, elles se regardèrent, sans un geste l'une vers l'autre. Puis Maud se détourna et sortit.

. . . .

Le soir même, Mireille avait la lettre. Pour elle aussi, c'était une relique, malgré la trahison; elle le sentait bien, tandis qu'elle emportait le précieux papier, pour le lire dans le cabinet de Max.

Elle s'assit au bureau où il écrivait jadis, à la lueur de sa lampe, devant son visage qu'elle avait tant chéri; et un instant, elle le considéra avec toute son âme, rendue si profonde par la douleur. Puis, elle ouvrit l'enveloppe et elle commença à lire:

«Non, Maud, je ne viendrai pas; ni aujourd'hui, ni demain, ni jamais plus. J'ai été misérablement coupable parce que je suis un pauvre homme de chair et de passion et que vous m'aviez grisé, Maud... Ce n'est pas un reproche... Je n'ai pas le droit de vous reprocher d'avoir fait à ma faiblesse l'aumône que j'avais la lâcheté d'implorer...

«Vous êtes toujours l'ensorceleuse qui m'a fait perdre toute sagesse. Mais depuis plus d'un an, je vis à une école qui a un peu trempé ma fragilité. Si vous saviez comme à l'éclair des obus, avec la vision constante de la mort possible, le jugement se fait autre; sévère pour telle de nos actions qui nous avait paru une bagatelle.

«Là-bas, il m'est venu le dégoût et le mépris de ma faute envers *Elle*, si adorablement vaillante, fidèle, tendre, dans les heures tragiques qu'elle supporte sans un retour sur elle-même, ne pensant qu'à moi qui lui ai menti... Jamais son souvenir, quand je suis loin, dans la tranchée, ne me torturera assez pour me faire expier ma vilaine action!

«Si vous saviez de quel poids ce souvenir, maintenant, pèse sur ma loyauté, vous comprendriez que la tentation ne m'effleure même plus de revenir à vous—fût-ce même une fois!...—avant de repartir... Alors pourtant que je subis encore, que je subis toujours votre séduction, Maud.

«Mais *Elle* est ma force... Ah! si je pouvais lui demander son pardon, ce serait l'allégement béni... Mais je ne dois pas me permettre cette expiation bienfaisante... Elle souffrirait tant,—elle innocente,—par moi... et par vous, Maud... Ici, je devine votre pensée. Vous avez raison... Ce n'est pas à moi de vous dire cela...

«Adieu. Oubliez notre folie qui fut un rêve bien court, dont la guerre nous a réveillés à jamais... Si je ne reviens pas, je mourrai, du moins, tout à *Elle*, conscient que je ne méritais pas de retrouver, à ses côtés, la vie bienheureuse qui était la nôtre.

«Si je reviens, toujours, Maud, je veux me montrer votre ami le meilleur,

«MAX.»

Sur le papier qui avait dû être lu bien des fois, car les plis en étaient fortement creusés, des larmes tombaient qui effaçaient un peu les mots.

Tout bas, Mireille répétait:

—Oh! mon pauvre petit!... Mon cher bien-aimé!...

De très haut, voici qu'elle pensait à lui, comme une mère pense à son enfant qui a failli mais qui le regrette.

Une fois encore, puis une autre, elle relut la lettre... Puis, lentement, elle prit sur le bureau une feuille de papier et se mit à copier les lignes qu'*il* avait écrites; qui, aujourd'hui, lui disparu, venaient lui apporter sa suprême pensée.

Quand elle eut fini, elle se pencha sur la signature et y posa ses lèvres, en un baiser long, profond, pareil à un sceau...

Elle avait pardonné,—ainsi qu'il l'avait souhaité... Mais elle savait bien qu'elle ne pourrait oublier.

VII

C'ETAIT en mars, une tiède et lumineuse journée printanière, le samedi des Rameaux, après une semaine angoissée par l'avance allemande... Une journée troublée par l'inexplicable canonnade qui, depuis le matin, assaillait Paris, sans avion visible. Mais Mireille qui rentrait n'y songeait même pas; et, hâtivement, elle dit à la femme de chambre, appelée chez elle par son coup de sonnette:

—Il n'y a pas de lettre?

—Aucune, madame.

Elle ne répondit pas, et machinalement tendit à la femme de chambre ses vêtements de sortie.

Pas de lettre!... Cela faisait maintenant cinq semaines qu'elle ne savait plus rien de Guisane. Ni lettre, ni carte, pas une ligne même. Aucune réponse aux missives anxieuses envoyées à une adresse devenue, d'ailleurs, plus qu'incertaine. Et le dernier courrier arrivé était déjà vieux de plusieurs jours...

Pourquoi ce silence soudain?... Où était-il? Au milieu de l'effroyable bataille qui reprenait depuis plusieurs semaines?

Sans faiblesse, elle avait traversé cet inoubliable hiver; calme sous le bombardement des gothas qu'elle s'était refusée à fuir, malgré les objurgations de sa mère qui, elle-même, ne voulait pas quitter Paris où M. Dabrovine était résolu à rester. Comme son appartement était au deuxième étage, elle s'y prétendait en sûreté; et, seulement devant l'insistance de ses parents, elle s'était décidée, lors des dernières alertes, à descendre les enfants dans sa cave, transformée en «salon de sécurité».

A Paris, les lettres lui arrivaient plus vite et plus sûrement. Elle s'en était éloignée un mois seulement, au cours de la saison, pour aller à Monaco, tenir compagnie à ses beaux-parents qui y passaient l'hiver et s'y trouvaient bien isolés.

Et la fatalité avait voulu que juste à cette époque fût tombée,—inopinément changée de date,—la permission de Guisane. Aussi, à peine l'avait-elle aperçu, lui semblait-il... Et encore, parce qu'il avait fait ce tour de force de trouver trois jours pour aller jusqu'à Monaco.

Hélas! qu'ils s'étaient donc peu et mal vus!... Un retard de lettre, une dépêche non remise en temps, avaient été cause qu'elle était absente, entraînée à Nice par des amis, le jour même où il était venu lui faire sa première visite.

Sa belle-mère, toujours prévenante, l'avait bien retenu à dîner. Mais, si peu, ils avaient pu être seuls... Juste le temps de lui faire visiter le jardin, de sortir un court moment avec lui, dans le parc du Casino, d'aller le lendemain matin errer une heure, à ses côtés, dans les petites rues fraîches où d'autres promeneurs les croisaient sans cesse.

Et alors, plus évidente encore, Guisane avait eu la certitude qu'il ne s'était pas trompé en trouvant, dès leur première entrevue, qu'elle n'était plus la Mireille quittée en octobre.

Celle qu'il revoyait à Monaco était grave avec une amertume, un désenchantement que n'avait pas sa tristesse jusqu'alors. Pas plus que jadis, elle ne se plaignait. A tous ceux qui l'entouraient, elle se prêtait avec l'oubli d'elle-même, la grâce douce qui lui donnaient un irrésistible charme.

Mais, dans la profondeur du regard, dans le faible sourire,—où jamais plus n'apparaissait un éclair de gaieté,—il y avait quelque chose de découragé qui était poignant sur ce jeune visage...

—Mireille, que vous est-il arrivé?... Vous avez changé..., avait-il demandé.

Vaguement, elle avait répondu:

—Tant de choses nous transforment peu à peu, mon ami.

Car ses lèvres, sa pensée, son cœur se refusaient à accuser Max. Même auprès de celui qui savait... Et lui n'avait pas insisté, trop délicat pour forcer une confidence qu'elle jugeait devoir lui taire. Sur tant de sujets, d'ailleurs, elle lui montrait une confiance exquise; et peut-être, sans en avoir même conscience, elle se révélait, pour lui, une amie telle que jamais il ne l'avait vue jusqu'alors.

Mais il s'effrayait de discerner, à travers ses paroles, le caractère définitif qu'elle donnait à l'organisation solitaire de sa vie. Une vie *plus* que remplie; intelligente et généreuse, livrée à ses enfants d'abord, à sa mère qui, sans cesse, réclamait sa présence, au monde qu'elle ne fuyait plus absolument.

Il la devinait énergique et résolue pour cacher un suprême détachement; trouvant une sorte de consolation poignante à se disperser discrètement, dans des œuvres de guerre où son concours pouvait être utile.

Aussi, il la sentait redevenue religieuse. Et il ne se trompait pas. De toute son âme, qui n'espérait plus rien, elle disait la prière qui, un soir, lui avait jailli du cœur: «Mon Dieu, je sais bien que devant Vous je ne suis qu'une pauvre petite chose, incapable de comprendre le pourquoi de votre volonté... La douleur atroce que moi et tant d'autres nous subissons est permise par Vous, pour des desseins que nous ne pouvons pénétrer...

«Mon Dieu, mon cœur est révolté parce qu'il est faible... Que la souffrance l'affole... Mais ma pensée reconnaît que votre sagesse voit ce qui doit être...

«Seulement, que cette souffrance acceptée assure, je vous en supplie, le bonheur de celui que vous m'avez pris, des disparus quc j'ai connus, de ceux que j'ignore, de ceux à qui nul ne songe...

«Mon Dieu, ayez pitié de moi, de mes sœurs en douleur! Nous avons tant besoin de Vous!»

Guisane était reparti, quinze jours avant qu'elle-même revînt à Paris, pour le mariage tout intime de Bernard et de Christiane, célébré pendant la permission du jeune homme. Le général de Vologne était venu quelques heures pour y assister. Maintenant, Bernard se battait, comme Guisane, et sa jeune femme était retournée se dévouer à l'hôpital.

. . . .

Un coup frappé à la porte de la chambre fit tressaillir Mireille qui songeait, interrogeant le redoutable inconnu:

—Entrez. Qu'y a-t-il?

—M. Dabrovine fait demander s'il peut voir Madame.

—Mais, bien entendu. Il est au petit salon?

—Oui, madame.

Elle allait vite vers son père, tout de suite inquiète, bien que, souvent, il vînt ainsi la voir.

—Père, vous ne m'apportez pas de mauvaises nouvelles?

—Pas particulièrement, ma chérie. Mais j'avais hâte de savoir comment tu avais traversé cette journée d'émotion.

Sa pensée était tellement absorbée par son intime anxiété, qu'elle répéta, sans comprendre:

—Cette journée?... Laquelle?...

—Mais aujourd'hui même. Ma Mireille où donc as-tu la tête?... Tout de même, tu as entendu le canon?

—Oh! oui, depuis ce matin. Il paraît que ce sont je ne sais quels exercices de tir... Je ne comprends pas pourquoi Paris s'en est si fort agité. A dix heures, quand j'ai vu qu'il ne s'agissait pas d'une visite d'avions, je suis sortie, ayant une course à faire, et j'ai été stupéfaite de me trouver seule dans mon avenue avec une infirmière qui passait et les gens arrêtés en groupe au seuil des portes. Plus une voiture. Pas un tramway. Un Paris désert. C'était très curieux d'aspect!

Elle parlait, souriant un peu, distraite par la vision rétrospective. Son père la regardait curieusement:

—Des exercices de tir!... Chère petite inconsciente, c'était, ni plus ni moins, le bombardement de Paris par un canon à longue portée. On le sait maintenant.

—Oh! père! s'exclama-t-elle, incrédule. Vous êtes sûr?

—Chérie, moi, personnellement, tu comprends bien que je ne puis rien te certifier. Mais des gens compétents l'affirment; les journaux de ce soir, tel le *Temps*, l'annoncent... Alors, s'ils ne se trompent pas, il est évident que Paris va être bombardé.

—De si loin?... Car enfin les Boches, malgré leur avance, sont encore à distance de nous!

—Oui, à une distance relative... Mais il s'agit d'un canon qui tire à 120 kilomètres. La situation est... sérieuse. C'est pourquoi, Mireille, je suis venue te parler. Il vaut mieux que tu partes avec les enfants.

—Partir?... Oh! non!... Non!!!

—Pourquoi cette résistance?... Rien ne te retient ici. Tant que, seuls, les gothas ont été en jeu, je n'ai pas insisté puisque tu avais l'abri de ta cave... Mais maintenant, tout devient autre... Pour tes enfants, tu *dois* quitter Paris.

Je vais conduire ta mère dans le Midi, peut-être à Monaco, près de tes beaux-parents. Nous pouvons t'emmener... A moins que tu ne préfères aller à la *Commanderie*, qui est à ta disposition.

S'en aller si loin, à Monaco! Se trouver sans cesse entourée, obligée de cacher son tourment, être dans l'impossibilité de courir vers Patrice si, blessé, il l'appelait.

Jamais elle ne se résignerait à un pareil sacrifice!

Il était au-dessus de ses forces... Mieux valait la solitaire *Commanderie*, si vraiment il fallait, pour ses enfants, qu'elle s'éloignât de Paris.

Suppliante, elle dit:

—Père, Monaco, c'est trop loin!... Il y a trop de monde!... Si vous jugez que, raisonnablement, je ne puis garder mes petits ici, je les emmènerai à la *Commanderie.*

—Fais comme tu préfères, ma chérie. Mais pars au plus vite!... Tu comprends que ta mère ne quittera pas Paris en t'y laissant et elle est dans un état nerveux qui me fait désirer de la conduire sans retard, au calme... Va toujours passer les fêtes de Pâques en Normandie... Tu reviendras ensuite, si les circonstances sont meilleures. Moi-même, à ce moment, je serai de retour.

Elle inclina la tête.

—Oui, père, je ferai, puisqu'il le faut, comme vous le jugez sage... Mais, en somme, nous ne savons encore si ce bombardement va continuer. Laissez-moi attendre quelques jours... Ici, on se trouve tellement mieux pour suivre les événements. Avez-vous des nouvelles récentes de Bernard?

—Nous ne savons rien depuis cinq jours. Il est dans la Somme.

L'autre aussi, peut-être, était par là. Elle frissonna, et, tendre, se rapprocha de son père dont la voix s'était altérée.

—Pauvre Christiane! murmura-t-elle.

—Oui, pauvre Christiane qui tremble pour son mari et pour son père, car le général ne se ménage pas!... Mais elle a un courage... admirable! Hier, j'ai passé à Poissy pour voir ce qu'elle devenait, si elle avait un mot de Bernard. Elle était vaillante, à son ordinaire, avec une pauvre figure altérée par le tourment qu'elle enferme en elle.

Il y eut un silence; sur les deux âmes meurtries par l'inquiétude, le poids creusait, plus lourde, son empreinte.

Et la soirée, la longue nuit passèrent sans qu'au matin le courrier apportât la lettre attendue.

Un peu après onze heures et demie, comme Mireille rentrait de la messe avec Jean, un coup de timbre résonna; et, quelques minutes après, le domestique lui annonçait:

—Mme Bernard Dabrovine.

Elle s'élança vers le petit salon où elle trouva la jeune femme, debout, en tenue d'infirmière.

—Oh! Christiane! toi!... Comment, pourquoi es-tu à Paris?... J'espère que...

—Tout est aussi bien que possible... Petite sœur chérie, ne te tourmente pas ainsi tout de suite! Ce matin, j'ai eu quelques lignes de Bernard, des chères lignes qui sentent la poudre et l'espoir...

—Oh! tant mieux! murmura Mireille, gardant entre les siennes la main de Christiane.

Mais elle n'ajouta rien. Elle pensait ce que Christiane savait bien, hélas!... Trois jours plus tôt, Bernard était encore vivant, au milieu de la fournaise... Mais à l'heure présente...

—Viens t'asseoir, Christiane, que je te voie un peu, dit-elle avec un geste pour attirer la jeune femme vers le canapé bas, où bien des fois, dans l'hiver, elles avaient eu de bonnes causeries intimes.

Mais Christiane secoua la tête.

—Je n'ai pas le temps de m'asseoir, mon chéri. Je n'ai qu'un moment. Je suis venue en auto savoir comment ma tante de Kermadec, très souffrante toujours, avait supporté l'impression du bombardement d'hier et je repars trouver mes blessés. Seulement, je n'ai pu résister au désir de t'embrasser au passage... Si ce bombardement s'aggrave, tu partiras, n'est-ce pas, Mireille...? Pour les enfants!... Nous serions si tourmentés, Bernard et moi, de vous savoir exposés!

—Comme vous deux!

La jeune femme eut un rire léger:

—Nous? oh! nous sommes des soldats à leur poste; toi, tu es une maman dont les petits n'ont que toi... Autre chose encore. Bernard, dans son mot, ce matin, me demande si tes parents, ou toi, avez des nouvelles de Guisane dont il n'a pas entendu parler depuis plus d'un mois.

Ainsi, à Bernard non plus, il n'avait pas écrit. Que c'était donc effrayant, ce silence absolu! Était-il prisonnier?... blessé?... ou...? Sa pensée n'acheva pas. Mais elle devint si blanche que Christiane la regarda, saisie.

—Mireille, qu'as-tu?

L'impression avait été tellement forte que, devant le cœur compatissant et tendre de Christiane, son secret lui échappa:

—J'ai peur qu'il ne soit arrivé malheur à Guisane... Car, à nous non plus, il n'a pas donné de nouvelles depuis plus de cinq semaines... Ni à père... Ni à moi...

Sans marquer la surprise, Christiane demanda:

—Et il t'écrivait souvent?

—Du moins, très régulièrement... De rares lettres, mais des cartes, quelques lignes pour me tranquilliser...

Le dernier mot avait été irréfléchi. Christiane ne le releva pas, mais ses yeux, involontairement, cherchèrent ceux de Mireille.

Un peu de rose monta aux joues pâlies de Mme Noris, et, frémissante, elle pria:

—Christiane, tu ne supposes rien de mal sur moi...?

—Mon pauvre amour, est-ce que ce serait possible, à moi surtout qui te connais?

Une soudaine résolution domina la volonté de Mireille.

—Écoute, Christiane, je vais te dire une chose qu'à personne au monde je n'ai confiée... Mais tu es pour moi, maintenant, une vraie sœur, en qui j'ai une foi entière. Avant de repartir, en octobre, Guisane m'a dit que... que je lui étais chère... très chère, et il m'a offert sa vie... pour l'avenir... à l'heure où je pourrais le souhaiter... J'ai refusé cet amour qui venait si généreusement à moi, parce que je veux, j'estime que je dois rester fidèle à Max...

Christiane, qui avait écouté attentive, fit un mouvement que vit Mireille. Dieu! est-ce qu'elle aussi savait la trahison?...

Et pour ne pas permettre le mot qu'elle ne voulait pas entendre, tout de suite elle continua, d'une voix résolue qui, cependant, tremblait:

—Guisane et moi, nous resterons simplement des amis... Je tâcherai de lui rendre en affection et en dévouement tout ce qu'il me donne... Des trésors, vois-tu! Christiane, qui me soutiennent dans mon dénuement... qui m'aident à vivre... Alors, tu comprends, dis? ce qu'est pour moi la pensée qu'un tel ami peut avoir disparu, être blessé... ou pire encore... Tu comprends pourquoi je ne puis plus supporter cette ignorance de ce qui le concerne... Mais je suis si impuissante!... O Christiane, toi qui es de la Croix-Rouge, qui te trouves sans cesse en rapports avec des officiers, le ministère, tâche de te renseigner, je t'en supplie! Toi seule, il me semble, tu peux arriver à quelque chose... Aux autres, il m'est impossible de rien dire, de rien demander... Christiane, aide-moi!!

—Certes oui, je vais t'aider, ma chérie... Et tout de suite... Je vais mettre en branle toutes les puissances possibles pour obtenir les nouvelles que tu iras sagement attendre à la *Commanderie*. Tu me promets?... Et puis, maintenant, donne-moi vite toutes les indications qui pourraient aider à retrouver Guisane: régiment, secteur, etc. Peut-être, tout simplement, ses lettres sont perdues. Il y a, en ce moment, un désarroi terrible.

Une expression de désespérance tragique était dans les yeux de Mireille, et Christiane la surprit:

—Mireille, sois brave, comme toujours... Fais comme moi, obstine-toi à avoir foi, malgré tout, tant que l'évidence n'apporte pas la certitude du malheur. Ainsi, nous remplissons mieux notre tâche!... Et puis, quand nous ne pouvons rien, comme à l'heure présente,—et c'est le pire supplice!—pour ceux que nous aimons, il nous reste encore la consolation de souffrir pour l'amour d'eux!

—C'est la seule consolation qui ne manque jamais! murmura Mireille, amèrement.

Ce que Christiane disait là, combien elle-même l'avait de fois pensé, jadis, quand Max se battait. Et à quoi cela avait-il servi?... Une mystérieuse volonté décidait ce qui devait être. Et les supplications des pauvres cœurs déchirés n'étaient que de vaines paroles, impuissantes devant une destinée inflexible. Mais cette désillusion, elle ne l'exprima pas. Jamais elle n'eût voulu altérer dans une âme la confiance qui soutient.

Et toutes deux se séparèrent, sans un mot de plus sur le tourment qui les hantait.

VIII

MIREILLE avait cédé aux événements et à l'insistance de sa famille. Devant les bombardements de la semaine sainte, elle n'avait plus osé se refuser à quitter Paris, ne fût-ce que pour quelques semaines.

Elle était à la *Commanderie* depuis le lundi de Pâques. Elle y était arrivée sans que Christiane eût encore pu lui apporter de nouvelles sur le sort de Guisane.

Alors, dans cette ignorance dont elle avait l'affreuse impression que rien ne la tirerait, elle vivait à la *Commanderie*, dévorée par l'inquiétude qu'elle portait silencieusement mais qui ne la quittait point; lui rappelant d'autres heures semblables, où la dernière lui avait apportée la terrible révélation. Était-ce cela aussi que Christiane allait lui apprendre?...

La semaine finissait. Comme le samedi, elle rentrait d'une course avec Jean, faite pour tromper un peu la fièvre de l'attente, devenue une souffrance de toutes les minutes, elle croisa, dans le vestibule, la femme de chambre qui, tranquillement, annonça:

—Il y a une dépêche pour Madame, dans sa chambre.

—Arrivée depuis longtemps?

—Un peu après que Madame venait de sortir.

Un frisson avait secoué Mireille, si violemment, qu'il lui sembla que toute force l'abandonnait. Mais ce ne fut qu'une seconde, le temps d'écouter la brève explication de la femme de chambre. Déjà, elle montait l'escalier. Allait-elle savoir enfin?... Et quoi?... Ah! que tout ensemble elle avait peur et soif d'apprendre!

Sa main tremblante tourna le bouton de la porte, et la grande chambre claire apparut, paisible, ouverte sur la campagne d'avril, où le couchant rosait les arbres en fleurs. Sur la table, près d'une coupe de primevères, elle aperçut le papier clos. Elle le saisit.

Mais un instant, elle le considéra, n'osant l'ouvrir... Tout à coup, le doute qui la suppliciait depuis tant de jours lui semblait une grâce qu'elle avait méconnue, puisqu'il lui permettait encore l'espoir. Cette enveloppe ouverte allait lui donner la certitude...

D'un geste inconscient, elle déchira le papier fermé et ses yeux lurent la signature: «Christiane.» Alors, sans plus hésiter, comme elle se fût jetée dans un gouffre, elle lut les lignes: «Blessé, mais sauvé maintenant. Va être ramené à Paris. Si possible, irai demain te donner détails. Tendresses.»

Sauvé!... Ses lèvres décolorées répétèrent le mot béni, tandis que, épuisée, elle s'appuyait au cadre de la fenêtre, aspirant à pleines lèvres la brise qui sentait le printemps...

Ce fut seulement tout à la fin de la matinée, le lendemain, qu'elle entendit le grondement d'une auto s'arrêter devant la grille.

Sûrement, c'était Christiane qui arrivait, fidèle à sa promesse. Elle eut la sensation d'un choc en plein cœur qui la faisait haletante, la rendant incapable d'un mouvement... Un coup de cloche. Une forme svelte dans la grande allée; et sans qu'elle sût comment elle avait retrouvé le pouvoir de marcher, elle fut devant la jeune femme qu'elle attirait sur la terrasse solitaire, pour savoir tout de suite. Machinalement, elle lui avançait un fauteuil tandis qu'elle interrogeait:

—Christiane, repose-toi et dis-moi ce qui est... Enfin... enfin... tu as pu apprendre...

—Oui... enfin!... Ç'a été long!... Comme je le pensais, tous les services sont bouleversés par les événements...

Christiane parlait un peu lentement comme si elle voulait mesurer ses mots. Les prunelles dilatées, Mireille la regardait.

—Il a été blessé?

—Oui... Il y a six semaines... En conduisant une attaque de ses hommes, sous un feu... effroyable...

—Grièvement blessé? interrogea Mireille, d'une voix sans timbre.

Christiane inclina la tête.

—Mais tu dis qu'il est sauvé?

—Sa vie est hors de danger.

—Sa vie!... Oh! Christiane, qu'est-ce que tu vas m'apprendre?... Il a... il a un membre emporté?...

—Il a été atteint à l'épaule... au bras...

—Quel bras? demanda Mireille, les dents serrées.

Du même accent où il y avait une tragique hésitation, Christiane articula:

—Le bras droit...

—Christiane... on ne le lui a pas coupé?...

—Non... non... Maintenant, on espère le lui conserver.

—Alors... Mais alors, tout est bien... Christiane, pourquoi as-tu cet air?... Il y a encore un autre malheur que tu ne me dis pas!...

De nouveau, la jeune femme inclina silencieusement la tête, tandis que sa main attirait celle de Mireille, droite devant elle.

—Quoi?... Dis-moi, vite... Cette incertitude, c'est une torture que je ne puis plus supporter!

—Il a aussi été blessé à la tête...

Mireille jeta un cri:

—Ses yeux?...

Les lèvres de Christiane frémissaient. La voix assourdie, elle continua:

—Ses yeux ont subi le contre-coup du choc, qui a été terrible...

Une terreur désespérée étreignait Mireille.

—Tu ne vas pas me dire, Christiane, que... que sa crainte était un pressentiment et s'est réalisée?

Avec toute sa tendresse, Christiane enveloppa de son bras les épaules de la jeune femme; et doucement, elle dit, d'une voix que l'émotion fêlait:

—Ceux qui le soignent... et il a autour de lui les meilleurs spécialistes que nous puissions souhaiter... affirment que le nerf optique n'est pas détruit et que la vue reviendra. C'est l'épanchement sanguin et la commotion qui ont provoqué... une paralysie passagère, si j'ai bien compris, laquelle se dissipera avec les soins et le temps...

—Qui se dissipera... sûrement?... Réponds la vérité, Christiane!

—On me l'a affirmé. Ma pauvre petite sœur, je ne puis que te répéter ce que j'ai appris.

—Cette certitude que sa vue reviendra, il la connaît?

—Certainement!

—Alors... alors, l'espoir doit le soutenir un peu... Christiane, oh! Christiane, que c'est horrible!... Où est-il?... Tu l'as vu?

—Il n'était pas encore à Paris. Il fallait qu'il fût assez bien pour supporter le voyage... Je pense que, cette semaine, il sera ramené au Val-de-Grâce.

—Tu me préviendras dès qu'il y sera? Il faut que j'aille le voir! Je suis sûre qu'il a besoin de moi... Oh! qu'il doit souffrir... Moralement, bien plus encore que physiquement!

Toute l'angoisse qu'elle devinait en lui était aussi dans son âme, à elle.

—Te rappelles-tu?... il nous disait: «La couleur, les lignes, la forme, pour moi, c'est l'ivresse!» Et il est seul avec des étrangers pour supporter la pire épreuve qui pouvait l'atteindre... Oh! Dieu!... Et dire que je ne puis lui donner ma vue!

Christiane appuya sur sa poitrine le visage décomposé de la jeune femme.

—Mireille, je t'assure que tous autour de lui ont... la conviction... que la vue n'est pas irrémédiablement atteinte... Pour qu'elle revienne, c'est une question de temps...

—Christiane, je veux la vérité!

—Je te répète, strictement, ce qui m'a été dit, je te le promets. De même qu'il m'a été assuré que son bras pourrait lui être conservé...

Cette fois, Mireille ne demanda plus rien, Christiane l'entendit murmurer:

—Mon Dieu, ayez pitié!...

Et elle cacha son visage dans ses mains. Il y eut un silence. Délicatement, Mme Dabrovine baisait les cheveux que soulevait la brise tiède, et elle répétait comme une berceuse apaisante:

—Chérie, ne désespère pas, puisque la guérison viendra.

Mireille redressa la tête. Et, autour d'elle, sous le clair soleil, elle aperçut le large ciel d'un bleu laiteux où vibraient les cloches dominicales; les arbres fleuris dont la brise emportait des pétales roses, des pétales blancs; le fleuve au ton de jade qui descendait vers la mer, moiré de lumières et d'ombres entre ses rives veloutées par la jeune verdure... Et devant ce paysage de paix, son cerveau bouleversé eut, une seconde, l'impression qu'elle avait rêvé un épouvantable cauchemar...

Mais ses yeux rencontrèrent ceux de Christiane pleins de larmes, et la conscience du nouveau malheur la broya. Elle eut un cri de détresse infinie:

—Oh! Christiane!... Voici que je souffre pour *lui* comme j'ai souffert pour Max!... Quelle femme suis-je donc?... Ah! je ne soupçonnais pas que je l'aimais ainsi!...

IX

—C'EST ici, madame, dit l'infirmière qui, complaisamment, avait guidé Mireille jusqu'à la chambre de Guisane, au Val-de-Grâce.

Et, après un léger coup, elle entr'ouvrit la porte, sur le consentement du blessé.

Une seconde, au seuil de la pièce, Mireille demeura, haletante d'émotion, regardant. Il était sur un fauteuil près de la fenêtre,—ouverte sur le jardin,—dont il ne pouvait voir le jour; les yeux voilés, son bras blessé en écharpe, sous les bandes. Que cet homme abattu, le visage pâle et creusé, était donc loin du beau soldat, hardi et fort, au regard pénétrant, qui lui avait dit adieu à Monaco, quelques mois plus tôt...

Il demanda, avec une lenteur indifférente:

—C'est vous, madame Debrion?

Alors, Mireille, la porte refermée, s'approcha:

—Non, ce n'est pas Mme Debrion..., dit-elle presque bas, d'une voix qui tremblait. C'est moi... Mireille...

Il eut une exclamation si frémissante, qu'elle en tressaillit toute.

—Mireille!... Toi!... Toi!... mon amour... Vous! Oh! madame, pardon!... Je rêve...

Elle se laissa glisser à genoux près du fauteuil, et, se penchant, mit sa main sur celle qui, restée libre, se crispait au bois du meuble.

—Non, vous ne rêvez pas! mon cher, cher ami. Avec tout mon cœur, je suis près de vous, enfin!... Enfin!!! Si longtemps, je ne savais pas où vous étiez... Oh! quel supplice!... Dès que j'ai appris que vous étiez à Paris, que je pouvais vous voir, je suis venue...

—Vous avez appris comment?... Quand?... J'ai dicté pour vous un mot, il me semble qu'il y a un siècle... Désormais, les jours, les nuits sont sans fin pour moi...

—Vous m'avez écrit?... Je n'ai rien reçu, c'est par Christiane que j'ai pu enfin obtenir de vos nouvelles... Hier, à la *Commanderie*... où je suis avec les petits, à cause du bombardement, une dépêche m'a appris que je pouvais arriver jusqu'à vous. Je suis partie, ce matin, par le premier train possible...

Il dit tout bas:

—Oh! chère bien-aimée!... Que c'est bon de vous avoir!...

Sa main valide étreignait celle de la jeune femme qu'il dévorait de baisers. Elle l'entendit murmurer à lui-même:

—J'ai bien fait de vivre encore!... Cette minute est ma récompense...

Que voulait-il dire? Était-ce donc qu'il avait pensé à se tuer, se sentant atteint dans cet avenir d'artiste, auquel, tout entier, il appartenait?...

Et, suppliante, elle dit, se maîtrisant:

—Mon ami très cher, est-ce que vous oubliez que votre Mireille et ses enfants ont besoin de vous?...

—Besoin d'un infirme!... Mon pauvre amour, à quoi, maintenant, à qui pourrais-je être utile?

—Maintenant, oui, peut-être... vous ne pouvez pas encore beaucoup... Mais dans quelque temps, ce sera tout autre chose!... Puisque je vous ai retrouvé, je vous aiderai à attendre la guérison! Et vous verrez qu'elle viendra vite!

—La guérison! Oh! Mireille, c'est atroce de ne pas vous voir.

Elle dit passionnément, avec un tel désir de lui apporter la conviction qui lui serait un viatique, qu'un instant entra en lui la foi qu'elle voulait lui donner:

—Vous me verrez bientôt, mon ami. Ayez patience!

—Ah! si j'étais certain de voir finir cette horrible nuit, quelle patience j'aurais! Mais ne jamais plus vous voir, Mireille!... Ni la lumière!... Ni la couleur... Ne plus peindre!... Vous souvenez-vous, là-bas, au bord de la mer, je vous disais que c'était la seule épreuve que je redoutais... Et justement, elle s'est abattue sur moi!

Avec le même accent de certitude, la jeune femme interrompit ardemment:

—Pour un moment, hélas oui! Mais ces mauvais jours vont passer. J'ai causé avec le major qui m'a répété l'avis de tous les oculistes par lesquels vous avez été traité. Tous estiment que votre vue va revenir peu à peu. Lui m'a donné tant d'exemples de cas analogues au vôtre que, maintenant, il me paraît impossible de douter de votre guérison!

—O enfant confiante, si je pouvais partager votre foi!... Et mon bras, mon bras droit! va-t-on finir par me l'enlever? Il est encore dans un tel état!

A l'entendre parler, en elle pénétrait l'anxiété torturante qu'elle sentait en lui et que, tout à coup, il trahissait, parce qu'il savait quel cœur l'écoutait...

—Mon ami, il faut espérer. Maintenant nous allons le faire ensemble... Ce sera plus facile!

Il murmura encore:

—O chère aimée!... Allez-vous donc me retenir dans la vie? Car... Écoutez que je vous confesse la vérité... Quand je me suis vu atteint... le plus cruellement que je pouvais l'être! j'ai compris que je serais incapable de supporter un éternel supplice, qu'il valait mieux en finir tout de suite...

—Patrice! Oh! Patrice!

—Pourquoi vous étonnez-vous?... Pourtant, vous le savez bien, que ma vue m'était plus précieuse que la vie... Plus que mon bras! Car j'arriverais bien, s'il le fallait, à peindre de la main gauche... Avec l'habitude! Mais ne plus voir! Pour moi, c'est un supplice de damné... J'aime mieux la mort!... mille fois... sans hésitation...

—Et ainsi, perdre à jamais votre Mireille, à qui vous avez promis, pour toujours, votre dévouement...

—Mireille, ce qui m'a retenu jusqu'ici dans la vie, c'est par-dessus tout votre souvenir... la soif de vous revoir!

Le mot lui était venu naturellement. Mais aussitôt, lui comme elle, en sentit la tragique ironie, et il corrigea:

—Vous revoir... vous sentir encore près de moi...

—Et je suis près de vous... de nouveau...

Sa main se posait sur les doigts amaigris, les frôlant d'un geste caressant.

Tout bas, de cette voix contenue qui était étrangement émouvante, il dit:

—Oui, c'est bon!... Si bon que je me demande si je suis bien éveillé, sorti un peu de l'enfer... Depuis... depuis que j'ai été frappé, voilà le premier instant où je puis l'oublier!

—Oh! cher... cher! répéta-t-elle, la gorge pleine de sanglots.

—Mireille, ôtez votre chapeau, que je touche vos cheveux, vos beaux cheveux sombres et légers, tout brillants, avec leurs larges ondes... Je les ai si souvent contemplés, cet été, à Carantec... Ah! cet humble pays! il m'apparaît comme le paradis fermé... Chut! ne répondez rien, chérie... Permettez-moi seulement de sentir vos cheveux! C'est ma façon de voir maintenant!

D'un geste prompt, elle jeta son chapeau sur une chaise près d'elle, et s'assit sur le sol, à ses pieds, à la hauteur de la pauvre main incertaine qui, chercheuse, effleurait son cou, sa joue que l'émotion glaçait, ses cheveux enfin, sur laquelle, doucement, elle se posait... Comme le soir où il l'avait trouvée, désespérée, dans le jardin.

Et de sa voix assourdie, lentement, il reprit, lissant les cheveux:

—Vous êtes toujours coiffée de même. Je vous en prie, ne changez pas... en ce moment du moins; que je puisse vous voir en mon cœur, telle que vous êtes, l'exquise petite Tanagra, dont la forme me ravissait...; avec vos grands yeux que tant de pensées éclairent... votre petite figure fine... votre bouche délicieuse où les dents luisent si joliment... Dans ma nuit, comme je le vois, votre visage que j'adore!... Mireille, avez-vous une robe que je connais?

Des larmes lui vinrent aux yeux devant la puérilité tendre de ce souci. Et elle articula, d'une voix que l'émotion brisait:

—Je suis habillée comme le jour où, tous, nous sommes allés à Saint-Pol... Vous vous rappelez?...

—Si je me rappelle!... Quels jours d'enchantement étaient ceux-là!... Trop bons!... Nous n'aurions pas dû en vivre de tels, alors que nos frères luttaient et souffraient.

—Patrice, à cette heure encore, il y a des heureux... Et nous souhaitons, malgré notre peine, que le bonheur ne leur soit pas enlevé.

Il dit, avec une conviction grave:

—Je ne souhaiterais pas à mon pire ennemi le supplice que j'endure!... Que les heureux gardent leur joie!... plus favorisés que moi. Oh! Mireille, quelle bénédiction que vous ayez été fidèle au souvenir de Max!... Je vous aurais entraînée dans mon malheur... Car je vous connais, vous ne m'auriez pas abandonné!

Elle eut une aspiration profonde pour chercher l'air qui manquait à sa poitrine. Tout à coup, en elle, une résolution, latente depuis qu'elle le savait atteint, s'affirmait, si absolue, elle le comprit, qu'aucun obstacle, matériel ou moral, ne pourrait en empêcher l'accomplissement, voulu par elle. Il ne s'agissait plus, à cette heure, de chercher son propre bonheur, mais de se dévouer, de devenir la force et la part de joie d'un être qui souffrait et avait besoin d'elle...

Avec une infinie tendresse, elle remit ses deux mains dans la main amaigrie—et c'était toute son âme qu'elle offrait:

—Je ne vous abandonnerai jamais, Patrice... Si vous le désirez encore, mon ami chéri, je deviendrai *vôtre*, au jour où vous le souhaiterez... et...

Il l'interrompit violemment:

—Mireille! Mireille!... Que dites-vous là!... Une parole insensée!

—Ce que je vous dis?... La simple vérité... Quand vous le voudrez, je serai votre femme...

—Par pitié! Oh! cela, jamais! jamais!... Comment pouvez-vous, même une seconde, imaginer que je serais capable d'accepter une pareille aumône!... Pour quel homme me prenez-vous donc?...

—Non, Patrice, ce n'est pas par pitié que je vous demande de devenir... *tout* pour vous... Mais parce que... je vous aime... avec le meilleur, le plus profond, le plus ardent aussi, de l'âme que la douleur m'a donnée...

Les doigts de Guisane étreignaient les deux mains restées blotties dans la sienne.

—Mireille, c'est impossible que je vous comprenne bien!... D'ailleurs, ce serait abominable à moi de profiter de votre générosité! Que vous soyez mon amie, tendre et bonne, ah! oui, cela je l'accepte!... Et avec quelle reconnaissance! Mais vous lier à moi, comme ma femme, dans l'état où je suis, où peut-être je demeurerai toujours! Je serais indigne d'y consentir... Et je n'y consens pas... Je ne *peux* pas y consentir!... Plus tard, si la guérison vient, alors...

—Alors... peut-être, je penserai que vous n'avez plus besoin de moi... C'est maintenant, Patrice, qu'il faut consentir...

Elle s'arrêta une seconde; puis, de sa douce voix, elle répéta passionnément, de nouveau agenouillée près de lui:

—Je vous aime! Patrice... je vous aime!... Ne pensez à rien d'autre... Pour ceux qu'on aime, vous le savez bien qu'il n'y a pas de sacrifice!... Seulement, ne me méprisez pas, si je ne garde pas à Max le souvenir rigoureusement fidèle que j'avais résolu de lui donner jusqu'à ma mort...

—Ce sacrifice-là, aussi, vous voulez me le faire. Oh! bien-aimée, je...

Avec une autorité grave, elle l'arrêta:

—Patrice, je ne vous ferai là aucun sacrifice... Il faut que je vous raconte...

Elle s'interrompit, tant l'aveu lui était cruel; mais, tout de suite, elle se domina, devinant l'attente anxieuse de Guisane.

—Patrice, le hasard d'une lettre trouvée m'a appris ce que, tout bas, j'avais toujours craint... de la part de Max... Ce que vous avez eu la charité de me taire...

Il eut un cri:

—Mon pauvre cher amour... Moi qui espérais que vous ignoreriez toujours!... Car *il* regrettait si profondément sa faiblesse passagère!... Une faiblesse d'homme très jeune; sans importance, croyez-en mon expérience masculine... Une faiblesse qui n'empêchait pas que vous ne fussiez l'Unique... sa femme, que, seul, il adorait... Je l'ai bien compris le soir où, avant de partir en mission, il m'a parlé de vous. Et... Mireille, apprenez ceci, que jusqu'ici je n'ai pas osé vous dire... Et il vous a confiée à moi, au cas où... où il ne reviendrait pas...

—C'est pour cela que vous m'avez offert votre vie!

Un sourire presque gai, ombre du brillant sourire de jadis, effleura la bouche de Patrice.

—Est-ce que, vraiment, Mireille, vous croyez cela?

—Non... je ne le crois pas... Je serais bien ingrate si je le croyais!...

—Mireille, *lui* qui vous connaissait avait deviné que si les circonstances nous rapprochaient, lui disparu, bien vite j'en arriverais à souhaiter d'avoir le droit de vous envelopper de tendresse. Et, généreusement, il désirait qu'il en fût ainsi... Oh! si j'étais sûr de redevenir ce que j'étais, comme je vous dirais: «Sans scrupule, venez à moi, mon amour. Je vous jure qu'ensemble nous garderons... pieusement... le souvenir de Max... Moi, sans jalousie... Vous, pardonnant le mal qu'il vous a fait, dans une heure d'entraînement... et qu'il a racheté...» Mais vous dire cela aujourd'hui, c'est impossible!... atteint comme je le suis!

—Patrice, tel que vous êtes, tel que vous serez dans l'avenir, je vous appartiens et je ne me reprendrai jamais! Nous avons tant souffert l'un et l'autre... dans la même épreuve... par la guerre!... que nos âmes nouvelles créées par cette épreuve, sont *une* maintenant... Ne le sentez-vous pas, mon ami bien-aimé?... Et, n'est-ce pas, que vous voulez bien de moi, afin que je retrouve près de vous le bonheur que je n'ai pas osé accepter, vous vous souvenez? en octobre... et que, maintenant, je ne fuis plus... Car c'est le vôtre aussi... Et vous l'avez si cruellement gagné...

—Mireille... ô Mireille, vous allez me faire bénir ma blessure qui vous donne à moi!

—Ah! enfin! vous consentez! jeta-t-elle, d'un accent de joie tel, qu'un sourire radieux ressuscita un instant le Guisane de jadis.

Follement, il attirait la jeune femme contre sa poitrine:

—Mireille, je vous l'ai dit un jour, je ne suis pas un saint... mais un homme qui vous adore... et je n'ai plus le courage de vous repousser... Puisque vous m'avez vaincu, vos lèvres, pour le baiser de nos fiançailles. Depuis tant de jours, j'en ai soif!...

Elle eut un tressaillement... Soudain, en son souvenir, montait la vision lointaine des lumineuses fiançailles de ses dix-huit ans, après l'aveu entendu un soir de bal... Aujourd'hui, dans une chambre d'hôpital, à un homme broyé par l'effroyable tourmente, elle abandonnait de nouveau sa vie, et son cœur si profondément creusé par la douleur...

Tout bas, elle dit, des larmes plein les yeux:

—Patrice, les voici, mes lèvres...

Elle souleva, vers le visage qui, dans la nuit, cherchait le sien, sa bouche que nul baiser n'avait effleurée, depuis le dernier donné par celui qui dormait là-bas, dans la terre lorraine...

Du feu qui vivait toujours sous la cendre, jaillissait l'éternelle et merveilleuse flamme...

FIN

CPSIA information can be obtained
at www.ICGtesting.com
Printed in the USA
LVHW112021030423
743357LV00006B/695

9 789356 892651